IDIOTIE

DU MÊME AUTEUR

Aux Éditions Gallimard

TOMBEAU POUR CINQ CENT MILLE SOLDATS. Sept chants, 1967
(« L'Imaginaire », *n° 58*).

ÉDEN, ÉDEN, ÉDEN. Préfaces de Michel Leiris, Roland Barthes et
Philippe Sollers, 1970 (« L'Imaginaire », *n° 147*).

LITTÉRATURE INTERDITE, 1972, 2001.

PROSTITUTION, 1975. Nouvelle édition augmentée d'un appendice
en 1987 (« L'Imaginaire », *n° 554*).

LE LIVRE, 1984.

VIVRE, coll. « L'Infini », 1984 (« Folio », *n° 3917*).

PROGÉNITURES 1 et 2, 2000. Contient un CD audio, lu par
l'auteur.

FORMATION, 2007 (« Folio », *n° 4888*).

ARRIÈRE-FOND, 2010.

JOYEUX ANIMAUX DE LA MISÈRE, 2014.

PAR LA MAIN DANS LES ENFERS. JOYEUX ANIMAUX DE LA
MISÈRE II, 2016.

HUMAINS PAR HASARD. Entretiens avec Donatien Grau, 2016
(« Arcades », *n° 112*).

Au Mercure de France

COMA, coll. « Traits et portraits », 2006. Prix Décembre
(« Folio », *n° 4606*).

Aux éditions du Seuil

SUR UN CHEVAL, 1961.

ASHBY, 1964.

ASHBY, *suivi de* SUR UN CHEVAL, coll. « Fiction & Cie », 2005
(« Folio », *n° 4718*).

(Suite en fin d'ouvrage)

PIERRE GUYOTAT

IDIOTIE

BERNARD GRASSET
PARIS

Collection « Figures » fondée par Bernard-Henri Lévy
dirigée par Bernard-Henri Lévy et Donatien Grau

ISBN : 978-2-246-86287-1

La fille à poux

Paris, automne 1958, sous le pont de l'Alma, autour de minuit, troisième nuit dehors de notre échappée à Paris depuis Lyon où, sortant de neuf années de pensionnat, lycéen en philosophie, je vis chez le jeune frère de mon père, psychiatre.

Sur notre tapis de tente recouvrant les pavés entre deux coulées de pisse séchées – se lancer dans le sale, l'approcher, le toucher, le traiter, vivre enfin comme un homme passe par ce contact, ce « partage » de la misère, les saints s'y sont sanctifiés, ainsi devrai-je, de quelle façon ? y confronter mon goût du net, de l'ordre –, nous nous faufilons dans nos sacs de couchage ; François s'endort ; j'ai dans la poche de ma veste roulée dans mon sac à dos une petite photo noir et blanc de sa sœur de quinze ans qui avance vers moi la photographiant en gros plan sa frimousse riante, blonde dans le réel. Les lumières des bateaux éclairent le dessous noir des arches ; l'eau clapote – corps de noyés, dépouilles de chiens battus ; plus loin les feux des bateaux, des péniches d'habitation se mélangent aux faisceaux des projecteurs du Champ-de-Mars sur la Tour.

Il dort, tête hors du sac sur le capuchon, bouche ouverte ; j'entends gargouiller son ventre : depuis midi, rien qu'une baguette pour deux de gros appétits. Demain, la faim.

Si je m'assoupis seulement c'est la mort qui me saisit, me tire vers elle dans son gouffre hors du monde ; dormir vite et profondément là où elle ne peut m'atteindre. Silencieusement pour qu'elle ne puisse me repérer.

Les rumeurs de la capitale diminuent ; plus loin, outre Passy, une sœur de ma mère ; à Bagneux, banlieue Sud, un de ses frères, mon parrain, héros de la Résistance intérieure ; de l'autre côté de la Seine, dans Saint-Germain, non loin de la rue où la Gestapo arrête le plus jeune frère de ma mère, depuis déporté et disparu dans le camp d'Oranienburg-Sachsenhausen, une sœur de mon père, du même réseau, survivante de Ravensbrück ; plus loin, à Boulogne, un autre frère de ma mère, blessé dans la forêt d'Halatte en mai 1940, France libre, division Leclerc, le Fezzan, blessé dans les Vosges en automne 1944, Indochine, Algérie...

Mais, les aimant, les admirant, je ne veux déjà plus les voir et à cet instant où, ma mère étant morte, ma fuite s'impose en moi, c'est seul, sans leur soutien, que, l'an prochain, j'affronterai cette capitale si lointaine alors.

Chaque hiver, depuis notre village de moyenne montagne – lieu d'Une histoire sans nom de Barbey d'Aurevilly – où elle, née près de Cracovie, nous met, les six, au monde et où elle assiste notre père médecin, elle vient retrouver à Paris sa sœur, ses sœurs – l'une d'elles, ayant pris le voile le jour des « accords » de Munich, est moniale à l'abbaye bénédictine de Jouarre en Seine-et-Marne.

D'un de ses séjours, celui de 1954, elle me rapporte, en cadeau hors anniversaire de mes quatorze ans, alors que, délaissant un peu la gouache et le dessin, j'écris de la poésie tous les jours, l'édition numérotée du Mercure de France des Œuvres d'Arthur Rimbaud.

Deux mois qu'elle est morte, le plus jeune de mes frères n'ayant pas encore onze ans, et moi dix-huit. Atteinte depuis sept ans, alitée en Mars, soignée par nos deux sœurs aînées, elle se désole, âme historienne, notre frère aîné soldat depuis déjà près de trente mois en Algérie, du désordre, de la fragilité du pouvoir politique de la fin de la Quatrième République, puis se réjouit des prémices du retour aux affaires de Charles de Gaulle.

Un matin, retour d'un camp à bicyclette en Touraine, de notre mansarde pour deux, mon frère cadet chéri et moi, en haut de l'appartement au centre du village, je descends sur sa demande et la trouve souffrant de pleurésie, couchée : elle veut que nous parlions, elle et moi, d'un de mes sujets de dissertation de vacances : « L'imagination est-elle créatrice ? » Veut-elle s'y réassurer de ma détermination à vouer ma vie à la création ? avant de mourir, à moi qui, connaissant son mal mais n'y envisageant pas comme fin la mort, me montrer à la fois sa crainte mais sa fierté, elle qui ne comprend le monde que par le sacré, ses saints serviteurs célébrants de la foi, de la charité, du courage et de la beauté, artistes, héros, saints, illustres et modestes, et n'en éprouve que plus de terreur, de révolte, de répulsion de ce qui y porte atteinte – camps de la mort, camps d'extermination –, de me voir commencer à ne risquer ma vie, mon destin, l'honneur de notre lignée, que sur la seule inspiration ?

Avant que je ne frappe à la porte de leur chambre en toute saison chargée de lumière et donnant sur l'église contre une montagne sombre, je sais que devant son miroir, qu'elle peine déjà à tenir de ses propres doigts, elle se poudre son visage déjà un peu émacié et arrange ses cheveux que ses sœurs et frères ont, aussi, noirs, riches, éclatants ; j'entre, au clocher qui sonne tous les quarts d'heure jour et nuit – une sonnerie de baptême ébranle les vitres derrière les rideaux de gaze ; sur la cheminée face au lit, objets de Pologne, de Russie ; au mur au-dessus d'elle une Vierge en métal doré dans un coffret vitré d'acajou noir ; sur la table de chevet, entre autres livres, L'Olympio ou la Vie de Victor Hugo d'André Maurois, acheté par elle et mon père pour y lire ce qu'il faut faire d'un enfant poète ; sur la droite du lit, une armoire à pointes de diamants dont l'accès, comme de celui du secrétaire Empire du salon, nous est interdit et où une cassette des recettes et de l'usage immédiat serait gardée dans un tiroir interne.

Je m'assieds à côté du lit, ma dissertation en feuillets au poing ; un peu de ses épaules, de sa gorge est découvert ; jamais je ne l'ai vue couchée que lorsque, le matin du premier de l'An, nous entrons l'embrasser, elle et mon père, et lorsque, fin Mai 1942, elle accouche de mon frère qu'elle tient contre elle, épaule et gorge déjà à demi découvertes devant nous debout comme à la Nativité et moi, deux ans et demi, en pleurs et lui tendant mes bras mais elle garde les siens contre son nouveau-né…

Le faisceau tournant d'un fanal rouge d'un bateau de tourisme retardataire nous fouaille, François garde sa bouche ouverte, le halo sur ses dents fraîches, je ferme les yeux, les rouvre : une forme a glissé derrière ma tête depuis le bas de l'arche ; je me retourne, dans le sac, me hisse, coudes au pavé, vers l'arrière : d'un tas de hardes, une main, pote, d'un bras nu marqué de cicatrices, ramène les guenilles vers le haut où ça renifle ; je suis la main vers de grosses narines retroussées où un doigt à l'ongle encrassé fouille ; plus haut, des mèches bouclées, un peu grasses, sortent des oreillettes relevées d'une casquette de surplus ; des cils aussi longs que des faux battent un haut de joue dont le rose se voit dans le halo rouge ; le doigt s'y met : des poux ?

Sous l'Occupation et dans l'immédiat après-guerre, du fait des privations et du rationnement, la gale touche plus de corps qu'en temps de paix : beaucoup d'entre nous, à l'école primaire, grattent leur corps, tête grosse jambes maigres, affaiblis par le rachitisme ; la poudre Marie Rose diffuse dans les classes et les préaux.

… Le corps bouge, tout entier, descend sous les hardes à nouveau dispersées, entre les relents de pisse séchée j'en flaire un de parfum, de crasse et d'autre chose que je ne connais pas : en serait-ce un de l'épanchement que quelques-uns d'entre nous, retour au pensionnat le dimanche soir, essaient de nous décrire comme issu de l'intimité, du secret des filles qu'ils se vantent d'avoir vues « culbutées » par les jeunes ouvriers dans les bals de villages et de faubourgs ? de ce que, il y a trois ans, retour d'Angleterre, dans les soutes du ferry j'ai flairé au tampon de la fille endormie ?

Les poux sautent sur les poils des narines, sur le petit duvet entre elles et le retroussis des lèvres grosses fraîches qui tremblent d'un cauchemar où il faut parler, trouver les mots qui sauvent devant le monstre. Plus bas, les fesses se recambrent dans un ronronnement, sous le haillon je vois qu'un short court aux plis rougis par le halo du bateau qui s'immobilise les moule, troué jusque le devant, dans l'évasement des cuisses, une braguette d'où pend un bouton ; la jointure braguette ourlet de jambe est déchirée, du poil en sort, vers le versant de la cuisse, le lambeau d'étoffe serre un bourrelet pelu ; un mouvement ramène le genou droit sur le ventre, je vois, par les trous, le bord inférieur de la fesse, la ligne, encrassée, croûteuse, de l'entrefesse vers l'organe où la toison brille, humide, pâteuse, dans le halo rouge du bateau qui redémarre dans un jet de fumée ; la vermine tient le haillon ; plus haut, le corps rebouge, un bras remonte du tas, par-dessus poitrine et tête la main s'agrippe au pavé ; d'un reste de chemisier blanc sous une guenille de veste rouge, surgit un sein blanc aréolé de brun qui se loge dans l'intervalle des pavés, l'autre libre ; une paupière se soulève, l'œil regarde, le pavé puis mon regard ; grand, bleu ; le bras le barre, poignet traversé d'incisions... plus bas, à nouveau, j'y règle mes verres, la vermine saute, mais pas comme les poux ni les puces dont j'ai, enfant, juste après l'Occupation, scruté les ébats sur les nuques de mes voisins de pupitres : qu'est-ce que cette vermine dont la fille paraît s'accommoder jusqu'à en ronronner ?

Au réveil dans la rumeur, klaxons, trompes, cloches, tintements, cris, sifflets, poches vides, carte d'identité, photos seules en portefeuille plat, où et quoi manger ? Toilette à une fontaine des Tuileries où des miséreux épouillent et baignent leurs chiens. Nous marchons, boyaux tordus, vers la place Clichy, les tentures des baraques de foire s'écartent : faux monstres, strip-teaseuses dont nous pourrions entendre le frissonnement des chairs, jeunes, moins jeunes, sures, dans les courants d'air encore froid ; nous écoutant parler de notre faim, un homme nous entraîne, entre des tentures, dans un espace où, nous mettant un micro devant la bouche, il fait enregistrer nos voix croisées répétant ce qu'il nous a entendus dire ; petite rémunération – qui en deviendrait une grande si nous le suivions dans une rue montante vers une porte au chambranle doré : nos deux cœurs, le sien lent, le mien saccadé, battent pour une fois à l'unisson, François secoue son index de gauche à droite. L'homme reprend les sous qu'il nous faisait briller dans sa main ouverte ; mais pourquoi me propose-t-il, à moi seul – aurais-je vraiment un faciès de poète, moi qui m'en voudrais un de putain ? –, de lui écrire quelques slogans aguicheurs pour ses filles : contre des billets frais dont l'odeur me monte aux narines ? Mais, en accord avec François déçu de n'avoir pas été choisi, je refuse.

Manger à la sauvette, changer de quartier ; retourner vers les Halles ; du déchet, légumes, viande, partout, sur les étals, le plus sain dessus, le moins sûr dessous ; autour des kiosques, des glaciers ambulants, des cornets entamés – nous en ramassons, en croquons ; la faim, d'un ou deux jours, renforce les sens, la volonté ; un gros homme rubicond en tablier de cuir nous fait ranger des caisses dans l'arrière-cour de son bar-restaurant, puis, à moi, rédiger ses menus « avec un brin de fantaisie », mais avant de manger, comme s'il avait compris que la faim favorise l'imagination que le ventre plein endort ; deux assiettes de hachis Parmentier, puis, sur notre avidité, une troisième pour deux ; au-dessus du bar, la radio rediffuse l'extrait de la conférence de presse récente où Charles de Gaulle propose aux insurgés d'Algérie la paix des braves.

Il faut rentrer sur Lyon pour la réouverture du lycée, sans billet, sans argent ; porte d'Italie, nous levons le pouce ; pris en camion, nous sommes déposés, en Bourgogne, le soir, au bord d'un canal, chez des connaissances de notre chauffeur qui repart livrer de la viande du Nord en Jura suisse ; petite maison, grosse écluse, enfants essoufflés retour de pêche ; un camion passera demain matin à l'aube, qui doit rejoindre Lyon en fin de matinée.

Entre deux manœuvres de l'écluse, dîner tôt, pot-au-feu, vin de pays, enfants, en coucher, courant au-dessus, le jeune époux – exempté de service militaire long comme soutien de famille : la sienne et ses sœurs et frères, plus jeunes, dont un engagé à dix-huit ans en Algérie –, une tache de vin sur son cou robuste vers l'épaule, sort dans la nuit, revient avec une couleuvre, verte, ventre jaune, sur ses deux mains ouvertes : le bébé, au sein de sa très jeune mère, se contracte, mais elle, sourire sur sa petite bouche rose, presse son sein pour plus de lait. Et, d'une voix qui va avec le bruit de l'eau dehors, nous apprend, regard sur le sien et sur tout le reste du corps, qu'en plus de sa fonction d'éclusier il capture des serpents pour l'institut Pasteur de Paris, que nous coucherons cette nuit au-dessus de sa réserve ; la couleuvre se love autour d'un bras, l'époux la soulève vers son cou, la bête s'y enroule, tête sous l'oreille bien faite où j'entends le souffle et les mots de l'époux, génie de l'amour, sur l'oreiller ; l'époux sort de la poche de sa vareuse les petits, couleuvreaux encore peu stables mais sachant s'enrouler autour de ses poignets ; couleuvre femelle ou mâle ? Pas assez de venin dans les crochets du fond de la mâchoire : bête de compagnie, pour habituer les enfants, les familiers. Après la saleté dans Paris, contact au reptile. D'abord toucher le corps de l'animal, l'époux tenant la tête, je le prends trop bas, près de la queue, le serpent se contracte, la mâchoire s'ouvre hors du poing de l'époux qui, à moi, dans un souffle de vin – où même sans « r » dans la phrase je reconnais l'accent de mon grand-père natif d'Autun, rue aux Rats : « C'est que tu lui as touché le sexe, c'est une femelle et tu lui as fait mal. »

La petite épouse – si proche de nous par l'âge mais si éloignée par l'état : « Ne l'inquiète pas, tu as exagéré, il ne lui a fait pas si mal que ça ! »

Les couleuvreaux s'impatientent, l'époux, couleuvre au cou, leur fait boire du lait dans un bol que l'épouse, son bébé à son bras, est allée prendre dans la cuisine dont le fenestron est entrouvert sur le canal.

Couleuvreaux en poche, elle, bébé au bras, nous éclairant depuis le seuil d'une grosse lampe-torche de guerre, il nous emmène dans un appentis sous un grand hêtre qui frissonne dans le vent montant ; en bas, de plain-pied, sur des tréteaux sur terre battue, les cages aux grillages serrés où se nouent et se dénouent les vipères, venin renforcé par l'enfermement ; une échelle conduit à l'étage au plancher recouvert de la paille de l'été ; nous y ouvrons et étalons nos sacs ; l'époux, couleuvre et couleuvreaux remis en cage, referme la portière sur nous ; par un trou dans le mur de torchis, nous voyons les lumières de la maison s'éteindre et toutes les autres de l'écluse ; le vent a pris, nous entendons les branches s'agiter dehors, mais, entre les rafales, dessous la couche de paille exhalant un reste

15

de la chaleur de l'été, le grouillement des serpents dans leurs cages, mâles à femelles.

Au calme, protégés dans l'odeur passée des blés nourriciers – cachette de l'amour coupable, sang sur l'or, refuge des pourchassés –, rassasiés, nous nous endormons vite. Dans mes rêves apparaît la vipère que, petit enfant, au sortir des lectures de la Bible que nous fait notre mère, je nomme « Athalie », du nom de la reine de Juda apostate du Dieu Unique, adepte de Baal, idole de l'ennemi, dont le nom même sonne démoniaque, avaleur d'enfants, fauteur de mensonge : l'été, elle se tient pendue hors d'un trou dans le mur du fond de notre jardin, tout le jour, reflets rouge sombre, relevant parfois le tiers de son corps et le tenant érigé, tête étincelante et langue en vibration, en un va-et-vient latéral : c'est que dans les plates-bandes, loin pourtant, un petit rongeur ou un passereau palpite, attiré, cœur battant, vers qui lui jettera ses crocs dessus et le délivrera de vivre convoité pour sa chair ; un coup de vent déplace des tuiles sur le toit, dans l'accalmie je distingue des éclats de voix, mâle femelle emmêlés ; je me rendors, le lever du soleil apaisera le vent.

Au lever, nous aidons l'époux à charger les cages dans sa fourgonnette.

À table, le café au lait fume ; le bébé tète ; dans le silence entre les deux époux, j'entends le bruit de la succion ; elle, au-dessus de sa gorge éclatante, sa face chiffonnée qui avance, recule, paupières baissées, lui, dans sa voix, un reste de tremblement ; l'œil du bébé, bouche détachée du téton, regarde déjà d'un regard à l'autre ; trompes des péniches sur le canal ; rien ne tient mieux que l'approvisionnement, bébé, peuple.

Le semi-remorque freine sur la pente : elle, bébé remis au berceau, chemisier blanc, pantalon rouge, touche les brides des sacs que nous avons au dos, souffle un peu de buée hors de ses lèvres repeintes ; à son corps si net qui se rapproche du mien en fin de croissance, mes muscles se relâchent – à cette chaleur parfumée comme, déjà jadis, quand je me rapprochais de notre mère pour lire avec elle la même page et que j'entendais son cerveau peu à peu la penser ; mais ici, ce sont ses seins avancés, leur galbe, la trace du téton, du lait sur l'étoffe légère et une chaleur issue de plus bas, son frémissement dans la lumière qui revient, son souffle dans ses poings. Comment, si près d'une chair nourricière dont étreinte, pénétration seraient possibles à tout moment, créer ce que je veux, un regard d'elle relâchant toute tension créatrice, pénétrant dans ma vision intérieure et y ramollissant, en la violant, toute la force clandestine ; et le plaisir en place du désir.

Laideronnette

À la chaleur de la mi-Juillet 1959, le carton, dégagé des sandows, exhale, secoué entre mes bras, un parfum de mercerie renforcé de celui des cuisses de Laideronnette qui l'a rempli et ficelé.

La rue Marie-Rose est vide – passant dans l'une des rues voisines, j'y ai entendu, joués au cinquième étage ouvert entre des plantes suspendues aux persiennes, les arpèges du Mignon de l'Album pour la jeunesse,

17

de Robert Schumann, appris avec ma mère sur notre piano Pleyel et dont j'imagine, alors qu'il les compose, l'un de ses nombreux enfants sur ses genoux et tapotant la note haute de chaque arpège constituant la mélodie...

Septième étage sans ascenseur. Là-haut, sous les vasistas du palier, une porte est ouverte, une machine à coudre ronronne, une fillette en tresses remue, range sur le carreau des ballots, j'y dépose le carton de boutons, de galons, de broderies ; du fond des mansardes, une voix lasse et comme décrantée : « Donne une menthe au jeune homme... » ; la petite touche et éprouve, entre deux doigts déjà piquetés d'aiguilles, le revers du blazer, dernier vêtement choisi par ma mère pour moi, que je garde sous la chaleur, dans mes courses de livraison en Solex ; une chatte jaune et blanc, grosse, miaule entre les paires de pantoufles : « Depuis que les avions ont passé, elle a peur... il n'y a plus personne dans l'immeuble, tous au défilé » ; le verre bu, la petite si serrée par moi qu'elle en pâlit, je redescends ; sur le trottoir, au rez-de-chaussée, face au Solex, une fenêtre dont un subit coup de vent ou une réplique de l'ébranlement des vols à réaction a entrouvert les volets : une odeur d'ambre solaire diffuse de l'entrebâillement encrassé, j'y regarde et écoute : un pied, nu, blanc, est suspendu sur une forme rouge vers un tapis à franges, un son de disque tournant sans musique en pénombre. Mon regard force l'obscurité, comme en entrant dans les églises ; remonte, de face, les orteils, le talon marqué de poussière, le pied, la cheville, le mollet long, le genou déplié, à la rotule bien détachée, la cuisse boutonneuse, la toison nue, noire tirant sur le bleu, brillante, frisée sur un organe au relief accusé ; un doigt y est pris qui écarte les retroussis rouges ; le ventre, plat, respire entre des hanches maigres ; nombril en coquille, plus loin, des seins, petits, durs dont le tremblement au souffle irrégulier fait briller – de quelle lumière, au fond ou dans un angle de la pièce – les tétons dont deux doigts de l'autre main, baguée, se relâchent de les triturer ; gorge blanc-gris, cou dégagé comme un tube, menton rond, lèvres très ourlées, sur l'inférieure un reste de cigarette qui fume, des joues sur lesquelles battent de grands faux cils ; le corps, petit, tressaille de rêves, ou d'une puce : des mèches fraîches, bouclées, bleu noir, aux reflets mousseux dégagent un front lisse, rayonnant, large, bombé : tout, dedans, y paraît en ordre, volonté, désir, passé, futur, jusqu'aux rêves ; un rêve ou un courant d'air venu de l'intérieur dont j'ignore la profondeur, mais d'une arrière-odeur, bien connue de moi, pension, Armée prochaine, d'excrément public et de crésyl qui signale, plutôt qu'une toilette privée, un lieu d'aisances commun, d'arrière-cour, fait basculer le corps sur la droite, la rondeur des fesses éclaire la forme rouge en édredon glissant du lit, un pli du drap, rose, le traversin rayé bleu, une chaise dont au haut droit du dossier est suspendu un slip, très court, rose, sans dentelle, je cherche le soutien-gorge, mais, suspendu au haut gauche du même dossier, un slip, blanc, aussi court, mais avec un liseré de dentelle, bouge un peu : une ombre dans la pénombre avance sur le mur du fond, un corps, nu, très blanc apparaît, d'une toison de la même couleur noire que celle au lit, se dresse un membre qu'une main, rude, rabat, le corps se courbe, une main soulève le bras du pick-up que je ne peux voir, le disque s'arrête et le son du tournoiement pour rien ; la croupe est longue, les fesses creuses, la face se retourne vers l'entrebâillement des volets, même bouche, mêmes narines, même front, mêmes mèches, mais yeux sans faux cils, grands, francs, pupille très noire, colère, blanc rose bleu, mais front froncé ; épaules un peu plus larges, du poil follet au-dessus de l'évers de la lèvre supérieure, autour des tétons plats, du nombril, dru dans l'aine ; à l'odeur d'excrément torché, le corps bouge sur le drap, une jambe depuis la cuisse pleine s'étire, le pied fouille le bord de l'édredon rouge fané, un bâillement s'achève en petit rot ; le corps debout s'ouvre, bras écartés, poings joints au-dessus de la tête, aisselles pelues, les genoux fléchissent, le corps s'abat sur le matelas, sur la fille, sa jumelle, les deux corps se lovent l'un dans l'autre, les jambes, pelues de lui, lisses d'elle, s'entrecroisent, se frottent, j'entends les bouches se baiser, les salives clapoter, les dents tinter, les mains prendre, serrer, caresser, fouiller, fouailler, les poils se frotter, les articulations se tendre se détendre, se heurter, les peaux se retrousser, glisser, la croupe longue se redresser, les fesses étroites descendre, remonter, redescendre, le duvet à la cambrure briller de sueur, la jambe fille se rabattre, molle sur le côté rouge, j'entends geindre, haleter étranglé, gémir, rire fermé, ouvert – qui, des deux, pète doux ?

Je suspends mon odorat au coup de rein suivi de répliques, je le relâcherai quand les deux corps seront retombés côte à côte ; me déporter hors de l'entrebâillement changerait la lumière qui les baigne et le ferait, lui, tourner la tête côté rue, aurais-je alors le temps de reprendre le Solex et de le lancer vers le carrefour ?

Mais elle, lui repoussant la poitrine de son poing serré, se renfonce au profond du matelas : le force-t-elle de retirer son membre repu ? Lui, que je vois mieux, ses reins tressautent, sa bouche se rouvre, émet un petit cri guttural ; je ne vois entre leurs toisons que, leurs deux poignets se heurtant, un éclat rouge, c'est qu'il veut la reprendre : elle, d'un coup de reins, se rétablit assise, roule sur le côté, sur l'édredon répandu sur le reste de linoléum jaune cloué au parquet moisi, s'accroupit, à quatre pattes marche vers le fond, ses fesses hautes disparaissant en pénombre, je m'efforce de ne pas y voir déjà le trou s'ouvrir d'où sortira l'excrément, mais sa face retournée, un sein rabattu par le bras tendu vers le sol, rayonne, yeux grands ouverts, pupille et cornée éclatantes, vers la lumière filtrée aux volets – m'a-t-elle vu et pourquoi ce remuement de ses fesses et ce point d'écume brillant au coin droit de sa bouche ? Qu'a-t-elle vu de moi dans l'intervalle des persiennes ? Cheveux, front, yeux, lunettes, narines, bouche, menton, gorge découverte… le bas, caché par le mur.

Lui, assis sur le drap, avant-bras aux genoux levés, membre érigé contre les plis de dessous son nombril, yeux vaporeux derrière la fumée de la cigarette que sa grosse main tient en tremblant, voix à la mue géante emplissant toute la chambre : « … Tu ne perds rien pour attendre, ma minou ! »

Quels sauvages enfants à naître d'un inceste d'entre deux défécations en chiotte d'arrière-cour !

Grands cils abaissés, le voici mordant ses rotules.

Je me retire, reprends le Solex, roule jusqu'à l'avenue Bosquet où je dois aider une vieille rentière à écrire un roman policier. Je monte les deux étages tapissés de velours rouge ; la bonne m'ouvre, petite blonde aux seins embaumés de sa cuisine – dont je mangerais bien, avec les doigts frais qui la font –, me conduit, en tablier blanc, vers le fond du grand appartement garni de tableaux d'ancêtres du seul dix-neuvième siècle ; dans un bow-window à vitraux rouges jaunes verts est assise une vieille femme au cou lacé d'un ruban noir, pinceau en main levée devant un lourd chevalet ; je contourne une table d'acajou noir recouverte d'un tapis vert sur quoi est posée un grosse machine à écrire – qui me serait plus utile qu'à elle, mais je n'ai pas de quoi en acheter une d'occasion ; dans une cage cylindrique dont le haut est dans l'obscurité, un perroquet vert à joues rouges discourt à partir des sons modérés de l'intérieur feutré : toux de la vieille femme, craquements des parquets, brouhaha de voix sur l'avenue, tournoiements du pinceau dans le godet, mes pas ; une brève résurgence de l'étreinte des jumeaux me fait tressaillir dans la chaleur plus forte ici : je n'ai pas relacé ma cravate ; j'avance vers la vieille femme qui, sans lâcher son pinceau, me tend son autre main que je baise ainsi que je le fais depuis qu'enfant ma taille me le permet : la toile sent bon mais l'œuvre est laide, la couche épaisse, le motif si secret que rien n'en transparaît ; le perroquet s'affole, fait de l'air, mord ici et là ; je m'installe à la table, au rouleau, la feuille avec le texte interrompu il y a peu : l'envie me prend d'y taper, sur une feuille nouvelle, un peu du texte que je travaille en tête dans mes courses et de garder la feuille pour moi ; mais déjà il faut reprendre son affaire à elle dont elle a voulu que tout se déroule rue Montorgueil, où elle est passée une nuit d'entre les deux guerres dans un taxi qui la ramenait du théâtre sur les Boulevards avec son mari rentier lui-même, et dans le milieu des vendeurs d'huîtres, parce qu'une manifestation les avait arrêtés au Rocher de Cancale ; nous en sommes à une ébauche d'amour entre un marchand d'huîtres et sa jeune demi-nièce de Bretagne : la vieille, pinceau en main et tête dodelinant d'un point à l'autre de son tableau, me propose une phrase puis des idées pour un paragraphe, je propose des variantes ; acceptées, je les tape ; de la voix cassée de la vieille sort une phrase nouvelle, cruciale, dont elle se réjouit, dont les derniers mots sont « au cœur de l'amour », le perroquet les répète, mes doigts suant sur le clavier les tapent, mais dans mon oreille j'entends « peur de l'amour, peur de l'amour » en même temps que le bruit des excréments qui éclatent aux fesses de la jumelle là-bas rue Marie-Rose mais ma bouche remue les lèvres de l'un et de l'une. La séance achevée, la main rebaisée, je reviens vers l'entrée, fraîche : la petite – que peut-elle bien préparer pour une seule vieille occupée d'elle seule ? – m'y attend, en main l'enveloppe du paiement, non cachetée, je ne la lui prends pas, elle, joue rose rougissant, la porte à sa bouche, lèche les bords, relèche, presse les deux bords ; la colle effacera la salive... que la chaleur aurait séchée ; le réduit où elle couche dans l'entrée est ouvert, du linge de corps traîne sur une chute de draps ouverts, un bruit d'eau dans le fond de la pénombre.

Je retourne rue Marie-Rose, les volets sont clos sur la fenêtre close, j'entre dans l'arrière-cour, chiotte vide, fermé.

Je rejoins des amis, coursiers, étudiants, vers Vincennes, motocyclettes, Solex, Laideronnette est en croupe de Liba, short contre short, sur une 125 cm^3. Depuis deux mois que fuyant Lyon je vis à Paris, je suis coursier d'une petite maison de couture du boulevard Montparnasse tenue par un homme d'une élégance avantageuse qui, le premier jour, m'envoie, moi affamé, sans avance ni pourboire, lui acheter des sandwiches qu'il mange penché sur ses patrons et ses échantillons, mais, le soir, apprenant que je n'ai pas où coucher, me fait une place dans l'arrière-boutique où, sur un amas de toiles je peine à dormir, tenaillé par l'image de mon père dormant seul dans la chambre attenante à la leur, celle de mon frère aîné – alors soldat dans l'Ouest algérien – et dite « chambre à donner », son angoisse et la mienne entrelacées.

En sept jours de courses, de grossistes, demi-gros à couturières en chambre en ville et banlieues, de palaces à magasins de luxe, du centre aux banlieues – Paris noirci, noir-vert, usines, cheminées, fumées –, je comprends la Capitale et sa couronne ; en chaque lieu, petit pourboire, verre de limonade ou de menthe ; dans un petit magasin très ancien de parapluies, galons et mercerie près de Saint-Roch, je m'attarde au comptoir, pourboire, large, empoché, menthe bue ; aux murs, des cadres photographiques avec scènes coloniales sépia : le patron, lunettes rondes, blouse grise, béret, limousin, trois cousins germains brûlés, petits enfants, dans Oradour, écarte deux tentures rouges retenues par des anneaux dorés, parle, main tremblant sur son verre : son épouse, d'une famille vietnamienne enfuie vers la France, debout, en robe noire à pois, œillet rouge en chignon noir, tourne retourne sa main sur l'épaule de leur fille, charnue de partout, beaucoup de duvet tirant sur le poil au-dessus de la lèvre supérieure, du poil très noir sortant de dessous l'aisselle bridée, seins bien relevés sous le maillot de corps gris, bassin cambré, sur la chaise, en short court rouge ourlet

24

retroussé jusque dans le versant de la cuisse ; elle lève la tête de sa machine à coudre sur moi, du bleu brille dans le fauve entre ses paupières bridées, un pli répété au front ; mon blazer et mon instruction rassurent ; plus tard, dans le souffle d'une plaque de métro, je l'installe sur mon porte-bagages, jambes nues, nous traversons la Seine ; au comptoir de la Croix-Rouge où quelquefois nous échangeons nos courses, quelques autres et moi ; Liba, Polonais sorti de Pologne par des prêtres, de son beau parler rustique, lui fait miroiter le rouge de ses lèvres...

En route pour le bord de Marne outre-Lagny, dîner en sacoches ; la 125 nous précède ou nous suit, Laideronnette, ainsi nommée du morceau des Contes de ma mère l'Oye et pour son poil et pour son petit mufle, repose sa tête, yeux clos, sur le creux de l'épaule de Liba le beau dont on voit, tard dans la nuit, le bassin sortir, brillant, de l'ombre dans Saint-Germain, une fumée de cigarette au-dessus de sa tête bouclée ; les essaims de vermine tournoient sous les branches de notre lieu de baignade : au-delà du tunnel sous la voie Metz-Paris, une petite descente de la courte falaise trouée de trous à rats vers la rivière dont le courant du milieu nous est familier depuis la fin du Printemps ; plus loin, une auberge désaffectée, ruinée, arbustes poussant contre des restes de murs au papier peint, débris de brocs de porcelaine, cuivres ternis suspendus à un pan de mur, escalier de bois tournant vers le toit crevé, cadres sans toiles ni photographies, excréments en âtre, mues de serpents sur des garnitures de matelas. Laideronnette s'y déshabille, avec des petits cris ; en deux-pièces, moins nue qu'habillée court, elle nage, souffle entre nous, tel et moi, Liba et moi : dans le courant central vers l'ouest, des hors-bord foncent, avant suspendu, le flot éclabousse vers le bord des adolescents dont quelques-uns sont « de peau arabe », de celle qui alors fait peur.

Devant nous, des rats musqués flottent, s'échinent, museau moustachu hors de l'eau, Liba les mime, ils virent et barbotent vers nous, Laideronnette s'essouffle, il faut retourner à la rive, la remonter, pantelante, entre les trous, jusqu'à l'herbe : un pli du renflement de son organe palpite hors de l'ourlet sous du poil mouillé de vase ; j'y mets les doigts pour tirer l'ourlet dessus, la main de Liba se pose sur la mienne, force mes doigts à rentrer sous la toile trempée, l'index à toucher l'abord de la fente sensible sous le poil dru… je me sens pâlir à mesure que les joues de Laideronnette reprennent de la couleur ; tout son corps tremble, les doigts de Liba se délacent des miens ; toute trempée, elle sent encore la mercerie, un peu la fourrure ; ses deux seins ronds sous le haut bleuté palpitent, l'un dans la lumière dorée du précouchant d'été, l'autre sous mon ombre, y mettre la paume comme sur la part éclairée du globe et sur sa part en nuit, Limousin et Vietnam ? Les rats musqués tournent dans le courant, ressent-elle mes doigts sur le pelage trempé de son organe ? Le souffle de Liba accroupi, grand torse encore ruisselant, me court entre les oreilles, reste de l'effort de la nage et, dessous, plus proche, d'un désir, double : voudrait-il, outre, pour moi, la petite à prendre, m'entraîner à me faire manier, prendre, dans ses nuits dont il nous revient, au rendez-vous du matin roues à roues, l'œil furieux, le pli recreusé de sa commissure droite à sa narine épaisse ; les autres se sont égaillés dans le bosquet de l'auberge ; un train de l'Est file siffle au-delà des maïs ; puis sur le petit tunnel ; je n'ose retirer mes doigts, le glissement pourrait nous le faire ressentir, à elle et à moi, comme une menée de plaisir ; et sur un corps affaibli par le malaise, jeune, métissé, colonial... respect plus fort que le désir ; le fracas de la fin du train nous remet tous les trois sur pied.

Au-delà de minuit, laissant, dans Saint-Germain, Liba apprêter son entrecuisse – mais, alors, que sais-je, moi en rêverie, depuis pubère, de bordel où s'épanche la semence des adolescents captifs tristes, de la façon dont les visiteurs adultes en jouissent, des accouplements de mâle à mâle qu'elle suscite et lubrifie ? Rien encore et pour longtemps : à peine quelques mots sacrilèges, dont la seule prononciation intérieure annule la réalité organique.

Roulant sur la rive droite de la Seine illuminée, entre les groupes des derniers retours de bal national, je ressens que mon père, retour de ses dernières courses dans la montagne tout éclairée sous la lune pleine, monte, à cette heure, dans le lit bateau, en chemise de nuit blanche, seul, tourmenté de ma fuite, je ressens son effort pour y monter, s'y coucher, ses muscles reposer, sa mémoire remuer des faits que je ne peux qu'imaginer de leur amour, de la guerre, de la conception de chacun d'entre nous, de notre croissance de fœtus dans les entrailles de sa *chérie* – au fond de mes rares moments de faiblesse, loin de lui, je nomme ainsi ma mère, sa femme –, de nos enfantements, de nos premiers mots, pas, sa bouche former des fragments de prière ou de rejet jusqu'à son endormissement dans la terreur de son corps roulant sur le côté sans y toucher sa hanche à elle, au moins son empreinte sur le drap elle s'étant levée pour rêver debout à la fenêtre... mais comment pourrait-il se soucier d'un grand adolescent incertain, issu de sa semence et n'y faisant pas honneur, balbutiant du rythme, marmonnant de la mélodie, vierge, en incapacité, par ennui ou parce qu'il y aurait toujours mieux à faire, de tenir plus de sept minutes en philosophie, mathématiques, de plonger de plus haut que sa taille, d'enfourcher une fille... moi, son fils ? Lui, savant, amoureux, fiancé, marié, beau-fils, beau-frère généreux, fouillé mains levées au mur avec les autres hommes du quartier devant Milice et Gestapo, nous, petits enfants, traversant la place vers un refuge, serviteur de la commune, du canton, du département, des pauvres, accoucheur de générations, réducteur virtuose de fractures dues au vrai travail, sept ans d'angoisse auprès de notre mère atteinte, protecteur de son père, de sa mère...

Au surlendemain de ma fuite, averti que lui et un oncle de Paris me recherchaient, craignant qu'ils ne me repèrent dans le métro ou en bus ou en rue, Paris me devenant menaçant, je prends le premier taxi de ma vie pour fuir en banlieue, à un arrêt carrefour Médicis je les vois traverser le passage, mon père y chanceler, se rétablir main sur la borne, je me retiens de descendre, de courir à lui ; de retour quelques jours plus tard dans Paris, en course, je stationne à cette borne, y mets ma paume : s'il est un Dieu à me voir faire, qu'il juge de mon cœur !

Passé le pont de l'Alma, je remonte vers chez moi à Passy, une mansarde rue Chernoviz ; eau au palier du dessous, pas de table, j'écris assis sur le lit, sur mes genoux, vasistas de la taille d'un livre. Dès l'entrée de la rue, je vois, au fond de la rue, un homme en complet trois pièces consulter un calepin devant la porte cochère, dans la chaleur. La police ? Hier, mineur encore pour une année et demie, j'ai envoyé à mon père une demande d'émancipation, une adresse poste restante du quartier de la Bourse où des amis s'engagent à reconnaître le terrain avant que j'y présente ma carte. Reculer ou y aller ? Les voitures le long des deux trottoirs paraissent vides. Je recule, roule vers le Trocadéro, y tourne avec les véhicules le temps de calmer mes battements de cœur, reviens dans la rue, l'homme y est, assis sur le capot d'une berline, fume un cigare dont l'odeur me parvient au carrefour de Passy ; j'avance vers ma porte, mais sur le Solex ; il secoue son allumette, avance vers moi, me tend la main : « Pierre ? » ; c'est le détective mis à mes trousses par mon père assisté d'un de mes oncles, deux mois auparavant. Jeune, m'ayant retrouvé, assuré de bons honoraires, il veut se divertir ; sa voiture, une décapotable d'occasion, est arrêtée rue de Passy ; la chaleur est poussée en bouffées depuis la Seine ; une fille, cette fois tout à fait asiatique, seins blancs en corsage de soie noire, flancs pris dans ce qu'on ne voit pas encore dans les villages, un jean, mèche noire détachée du bol sur laquelle s'ouvre une bouche aux évers gris-rose, et, plus haut, des paupières, bridées si proches qu'on ne voit que le centre de l'iris noir, est assise sur le siège de cuir fauve : voudrait-il par elle m'attirer dans un lieu où mon père apparaîtrait dans tous les attributs de sa colère ? Je ramène le Solex en face de ma porte, le mets en béquille, maillot de bain encore humide en poche de blazer, reviens à la décapotable ; la fille me fait une place entre lui et elle : cuir, tweed léger, cigare, ses cheveux, sa peau si peu couverte ou très serrée sur la sueur, acajou du tableau de bord, tout sent la perdition urbaine ; je resserre mes épaules, mes coudes, mes poings, nous roulons dans la brise bitumée vers l'Étoile ; il arrête, gare le cabriolet dans une rue en pente vers les Champs ; elle descend, me prend le poing dans sa main petite, tendre, son ongle que j'ai vu incarnat, long, glisse le long de l'une des lignes de ma main ; le chasseur, adolescent galonné d'or, points de vérole au visage frais, nous soulève la tenture rouge ; je veux fuir : l'escalier descend raide, or et rouge, du slow y remonte d'un puits obscur traversé de scintillements, des épaules nues jusqu'au bord du sein, de filles, de femmes, des fumées, des hoquets de saxo, la fille s'y engage, me reprend le poing, me tire.

Jusque-là, rien que tourner autour de dancings en bord de Saône, en amont de Lyon, de Marne, en amont du confluent avec la Seine, y entrer, m'y tenir au bord de la piste, y regarder le flux et reflux des couples, jamais la même jamais le même, libres, eux manuels, apprentis, de chair facile – le maniement, dans Lyon, des cageots aux Halles des quais, à Paris, de mon Solex, des cartons, ne m'a pas fait la mienne, trop nimbée d'Art, raidie de contraintes « de classe », de l'intérieur trop ancestralisée ; la lecture, la vision, l'écoute des passions humaines, divines, exagérées, transfigurées, romans, tragédies, tableaux, sculptures, opéras, oratorios, embarrassent mes articulations, pèsent sur ma volonté première ; la connaissance du plaisir accompli – solitaire mais peuplé de figures écrites – et de sa suite dépressive obligée – de sa punition : le dégoût de tout texte – me retient – et l'ennui, d'y perdre du temps pour l'esprit – au bord de l'étreinte – et comment y figurer, avec honneur, sans une fougue égale à celle des transports des héros amoureux ? Et formé dans l'habitude de bander dur et durable aux créatures de mon imagination tant que je peux les faire parler, donc, moi, me faire écrire, leur donner du plaisir – et de la dignité par l'art –, aurais-je autant d'élan, d'endurance sur du réel, du vivant selon les hommes ? À ce moment de ma vie, je ne connais encore que trop peu des choses du monde, humains, conscience, nature, antipodes, et l'imagination y supplée, l'acte même d'imaginer plutôt que ses créatures ; et, par-dessus tout, moi qui pourtant sais patienter – espérer plutôt que patienter –, je ne crois que dans l'inspiration, que dans ce qui se fait d'un coup, sans reprises : décomposer un acte, en phases, quand la logique est une lumière, un éblouissement, une danse, un rire, l'accord avec Dieu Créateur...

Admettre un mode d'emploi, quand tout est électrique, court-circuit, composer avec le réel, le couple posément poser des compromis, douleur, déchirement pour un enfant de Dieu – qui Dit et C'est.

Dans le remugle de l'artifice, je flaire un effluve de chair naturelle, un souffle de végétal frais, et, plus profond, un parfum de semence mâle humaine dont les narines de la fille se retroussent et les plis de son jean entre les cuisses se tendent ; je me laisse descendre les marches dont les rebords sont éclairés de rose ; le jeune détective s'accoude au comptoir, parle aux serveuses dont l'une, buste évasé en noir et dentelles roses, cheveux blonds, grands yeux tristes vagues mais scrutateurs, a son reflet, derrière dans la grande glace, avec la face de celui qui l'interroge en tapotant son cigare ; je n'ose regarder son regard, la main de la fille me tirant la mienne en frôlant mon entrecuisse à chauffer, la sensation me descendant jusqu'aux genoux ; la faim vide mon ventre, mon membre comme relié directement à mes entrailles, le désir à la volonté, en besoin de manger de la profondeur, de dévorer jusqu'au creusement ; la fille, au bar, commande des verres que le détective paie, la liasse sent frais, reste de l'à-valoir de mon père d'il y a déjà quarante jours ? Billets neufs de guichet ou paiement de ses courses d'une journée sortis de la boîte à sucre sur la table ou le rebord de la fenêtre de la ferme ? La nausée me prend la mâchoire... je descends en sous-sol : d'une toilette entrouverte, un petit geignement sous un fou rire, une jambe gainée sur quoi ruisselle du sang jusqu'au haut talon vert et s'écoule sur le sol carrelé : mon regard remonte vers la poitrine secouée serrée dans de la soie miroitante, ce corps, charnu, désirant, désiré de qui serré contre dans la toilette exiguë, pour mes yeux éblouis et clignotants, en son milieu, plus haut que ce dont sourd le sang, une puanteur s'en exhale, qui n'est pas d'excréments mais d'entrailles pourrissantes, un grouillement de matières d'un tube à l'autre, d'une poche gluante à l'autre, des transmutations chimiques incessantes, des boudins torsadés où la nourriture la plus délicate, la plus poignante – nourrissons – s'empuantit à mesure de son ingestion jusqu'à sa défécation où elle se désempeste en bouse... c'est notre bonté, notre hantise d'y manquer, l'improfondeur de notre urgence à vivre, notre désir, qui habillent de beauté cet intérieur monstrueux ; comme nous voyons du plein dans l'agrégat d'atomes, de l'Art dans un cafouillis de pensée, de forme, mis au point. Notre corps humain d'aujourd'hui le Créateur l'eût pensé autrement, celui que nous subissons est un ensemble artisanal fragile, naïf, pas de quoi, croyants ou non-croyants, s'en extasier : la « perfection du corps humain », le sexe, l'opération chirurgicale, la souffrance, la guerre, la mettent à bas plusieurs millions de fois par seconde, de par le monde.

Sophie

Automne, Quartier latin, je descends dans le sous-sol où loge l'ami qui m'a proposé de dactylographier mes pages de l'été ; au fond de la pièce, au-dessous du soupirail sur la rue – jambes, pieds des passants, roues du Solex et sa béquille –, au bout d'un canapé, sur un amas de châles, de sous-vêtements à laver, une fille est assise, tête renversée sur le dossier, jambes repliées entre fesses et velours, pieds nus, croupe en jupe courte noire, gorge sortant, à chaque bâillement, du corsage rose… lui, court, brun, lèvres épaisses, se rajuste ; à la fin de l'été, aux premières feuilles tombées, au son des marrons chutant des arbres, mon désir retombe de « monter » dans la course, d'y faire carrière – une agence, à plusieurs ? –, d'y oublier d'écrire, d'en finir avec l'imagination.

Et, dans la soupente de l'hôtel, je reprends des pages écrites avant ma fuite, à Lyon : morceaux de mémoire de petits faits où passe, parle notre mère, et je les fais lire à mon père retrouvé, chez nous, sur le canapé rouge au-dessous de la grande tenture des Tatras : comme je m'y attarde, dans ces faits qu'elle traverse, sur ses mouvements intimes, connus de nous seuls, de lui seul, je vois ses yeux, qui se relèvent sur moi face à lui, s'embuer et « comment sais-tu tout cela qui est si vrai ? » ; je revois très vite ce que j'ai écrit plus avant et lui retire doucement les pages, craignant qu'il n'y trouve de quoi souffrir de ce que j'aie pu y outrepasser la connaissance convenue qu'un fils doit avoir de sa mère ; mais que mes premiers textes de prose écrits comme tels réaniment notre mère morte le rassure sur la force de mon lien de filiation.

La fille, petite, toute en chair, vêtements compris, rien ne la vêt, abaisse maintenant sa tête vers sa gorge, je vois sa face, joues pleines, yeux pleins, bouche pleine, oreilles pleines qu'ourlent des mèches fraîches, un peu de sa nuque frémissante – de quel joug l'ami, nuit, jour qu'ils s'étreignent ? –, elle relève ses paupières, me regarde, iris fauve, en inclinant la tête sur le côté : mon cœur me porte un coup. Lui prend les pages, enroule un feuillet dans la machine, commence de dactylographier, je viens à son côté, regarde texte manuscrit et mots tapés, elle, d'un bâillement, s'est mise debout, me vient derrière et, penchée, regarde, menton sur mon épaule : c'est le récit de l'arrivée, chez nous, du petit réfugié des bombardements imprécis, meurtriers, sur Saint-Étienne en Mai 1944, camarades et maîtres morts dans les décombres ; son souffle contre l'arrière de ma joue, sa paume qui maintenant prend mon épaule, la pointe de son sein qui me pousse le bord du dos où mon cœur bat, non du texte mais d'elle... je tourne la tête, cherche dans l'obscurité le lit ouvert dont je sens l'odeur ; lui, tape et se gratte la poitrine sous le maillot : quelle est-elle pour lui ? fille d'une nuit d'un jour ? Elle quitte mon dos, j'y ai froid ; va au fond, y remplit une cas-serole de l'eau d'un broc, y allume un petit gaz dessous, ses déplacements font du chaud dans la pièce froide ; les mots frappés emplissent toute la page, la frayeur du petit réveillé en sursaut la nuit et courant, en pleurs, au cabinet, précédé du jet de sa pisse. Le mot « notre mère » apparaît en fin de page ; la faim me point au ventre.

La boutique ayant fermé pour agrandissement et les coursiers réguliers étant rentrés de vacances, je change d'embauche de petit remplacement chaque semaine ou de trois en trois jours : je fais alors des enveloppes dans une entreprise de Montrouge ; impossible pour moi, à la Bonne Auberge, dans Saint-Michel, de prendre, au lieu de celui à un franc trente, le menu, plus copieux en soupe et pommes rissolées, d'un franc soixante-dix, inchangé, dont il me faudrait plus de trois pour nourrir mes grands dix-neuf ans ; et je commence déjà à éviter, dans mes parcours, celles des rues où je flaire à l'entrée les effluves de rôtisse-rie ; la nuit, si un cauchemar me réveille, je mange du pain, si cher aux enfants de la guerre, alors encore de qualité médiocre, trop salé, entre pain noir et pain blanc. Mes nou-veaux amis, étudiants, mangent à leur faim, tout près, dans Saint-Germain, reprennent du plat à volonté, pain gratuit.

L'ami, la petite allant et venant dans l'obscurité, je sens sa chair, sa tête chauffer : peu assidus à leur école, ne feraient-ils pas l'amour, de jour, de nuit, matin, après-midi, soir ? Tout est ouvert ici, prêt aux étreintes, tout en est imprégné, taché, le plafond embué ; leur vêtement même, demi-ouvert, boutonné dégrafé d'un quart. Le thé bouillant fume dans la tasse commune que nous nous passons de bouche à bouche ; elle, ses grands yeux frais s'attardant aux miens, presse sa cuisse au coude de l'ami achevant de taper la page et, bouche miroitant de thé, me souriant et abaissant ses cils vers le canapé : je ne sais rien et je sais tout, sauf ce qu'il faut savoir ; elle, me reprenant la tasse aux lèvres et la lui donnant, approche sa main pote de l'échancrure de ma chemise sur le haut de mon torse, y touche les poils de son ongle ; lui, levé, pousse les amas sur l'autre bord du canapé, s'étend, short plein, serré, jambes ouvertes et relâchées, poignets, mains derrière sa nuque, allume une cigarette, ses lèvres larges retiennent la pointe de sa langue ; il pose une main sur l'assise usagée, y frappe, elle, sa main glissant sur mon devant, un sein sorti du court chandail troué à l'aisselle, abaisse sa croupe, recule, se retourne accroupie vers le canapé ; lui, d'un mouvement de son bras, lui prend la nuque, de l'autre main me désigne le reste du siège... je recule vers le fond, l'obscurité, y rallume le gaz sous la casserole : nulle ne touchera mon membre de ses lèvres externes – le siège de ma témérité, et des lèvres internes lui pomper sa force comme à Samson le priver de sa chevelure... ? Mais plus je la repousse, plus elle me fait envie ; et lui, que lui dit-il à l'oreille ? Les derniers mots tapés, « notre mère », qu'en fait-il sous son front bas dont je vois, une nuit du mois dernier, les rides rouler dans la glace d'un bar pour trois hommes mûrs attablés auxquels une fille, du dehors, fait des signes ?

Ne me voudrait-elle qu'avec lui, la voulant par lui me voulant ? Et moi, d'un coup, pour de vrai, y découvrant les orifices des deux sexes et quoi y faire ?

Trop frais dehors et déjà trop sombre pour y repartir, semence gâchée pour autre que du texte, clandestin de nuit – le manifeste, de jour, à froid –, ventre vide, et eux deux, quel plaisir aurais-je pu leur apporter de plus qu'ils n'en prennent entre eux, elle qu'on dit déjà blessée d'un avortement à la cuillère ?

Dehors, tirant mon véhicule en panne d'essence, je tourne dans le quartier, reprends rue que je croyais prise, vie antérieure comme brisée ou menant toute à elle : sa voix de joue, sa poitrine, sa croupe, sa bonne santé, sa morale à tout va, quatrième de huit enfants – séduire les sept pour l'avoir... –, sa mutilation – fœtus de quel autre que l'ami ? –, son insouci des choses de l'esprit – déposant, brusque, la tasse sur le plateau du tréteau où l'ami travaille, elle y repousse le manuscrit qui s'imbibe de thé et gondole à l'endroit où la vipère Athalie ondule hors de son trou, redresse son corps vert et rouge –, tout m'attire en elle et partout je la vois ou ne la vois plus. Au dîner, seul, le manque du menu supérieur, elle le comble de ses seins avancés sous la laine usagée et trouée de plus de trous que je ne lui en ai vus ; toute forme vivante ou inerte – courbures de rampe, de véhicule, fruits, nuages ronds – me la rappelle ; tout ce qui bouge c'est vers elle, autour d'elle. Beauté, pensée, tragédies du monde s'abîment en elle, dans sa chair, dans son cerveau fait de chair désirable. Toutes les filles, très jeunes femmes, vues dehors, dedans, celles, saintes, pécheresses, extatiques, martyres, épouses, bergères, souillons, cendrillons des tableaux d'église, toutes ont ses traits ou ne les ont pas ; toutes les voix de filles, je m'y retourne – en vain –, toutes les fillettes prolongées en elle... tout espace devant moi, ruelle, métro, bus, guichets, tourniquets, je le voudrais rempli d'elle.

37

Au cinéma, elle, entre lui et moi, chaude, en odeur, en haleine de son sperme à lui, déporte, sous l'accoudoir, sa hanche vers la mienne, l'effleure, la retire ; son cou, à lui, est marqué de traces de son rouge à elle : demain ? où ? mettre la main sur elle et tout s'ensuivra, je passerai dans la vraie vie...

La cassette

La neige pétille au soleil sur le rebord de la fenêtre que j'ai ouverte pour écouter le départ de mon père en bas pour une course auprès d'une femme en cours d'enfantement dans une ferme de la Haute-Loire proche. Surlendemain de Noël : je retourne demain à Paris, à elle, à mes espérances – à ma faim ; précipitamment, après déjeuner, j'ai fait en sorte que tous, frères et sœurs, quittent l'appartement, la maison et ses abords, pour m'y retrouver seul, entre peur et rire ; j'entre dans l'ancienne chambre à coucher de nos parents où mon père ne veut plus dormir ; le soleil la remplit de rayons qui me réchauffent, apaisent mon tremblement, enveloppent, approuvent ma volonté ; le lit où notre mère a souffert, suffoqué, agonisé, rendu son dernier râle, en Août devant nous tous debout, entourant notre père, est tel que son corps en a été enlevé, après que tous, épaulant notre père, dans la chambre du fond de l'appartement dite « des filles », nous nous y soyons repliés pour pleurer – et sangloter de rire des chapeaux bougeant fleurs et aigrettes des visiteuses.

Les voilages blancs entre les rideaux tirés remuent un peu de tant de soleil de midi les pénétrer – sur ses plis, avant la levée du corps, une mouche, puis trois se posent, que l'irruption des porteurs fait s'envoler et heurter le plafond –, j'ouvre l'armoire dont je ne connais pas l'intérieur mais ma main est sûre, fouille sous le linge au-dessus d'un tiroir fermé à clef, y palpe un petit trousseau de petites clefs, ouvre avec l'une le tiroir où gît une cassette de laiton que je prends, dépose sur le lit, ouvre de l'autre clef plus petite, dorée ; l'église dont le haut brille derrière la fenêtre contre la masse sombre de la montagne de sapins, de châtaigniers, sonne le quart d'heure, mon cœur bat plus lent que d'ordinaire ; je soulève le couvercle : les liasses – destinées aux dépenses de la semaine ? – y reposent ; sauf dans les tiroirs-caisses des gros et demi-gros et boutiquiers que je traitais dans mes mois de courses, je n'ai jamais vu autant d'argent privé ; je faufile deux doigts sous le milieu de la liasse du fond, non ficelée, tire : un billet de deux cents francs, de quoi prendre le menu d'un franc soixante-dix centimes douze jours durant ; je remets en place la liasse, les liasses, referme la cassette, la refaufile sous le linge : toutes les courses faites le matin par nos sœurs et nous, et moi devant repartir pour Paris demain matin, la cassette ne devrait plus être rouverte avant que je ne sois déjà hors de portée ; je remonte dans ma chambre sous le toit, y reprends le travail sur un texte en cours à plusieurs voix, descends marcher dans la neige, remonte travailler : une journée sans travail est une journée de mort, ma conscience me la reproche comme d'aller dîner sans avoir produit.

Vers le soir, j'entends mon père rentrer de courses, frères et sœurs des lieux où je les ai fait aller. Je fais mon sac, descends pour le dîner ; au palier, j'entends, du dehors, qu'on a ouvert la chambre inoccupée, sur sa fenêtre qui s'est ouverte au bruit du dehors, au quart d'heure qui sonne à l'église. J'entre dans le couloir, la chaudière y gronde ; au salon, mon père, debout, tenant le dossier d'un fauteuil, mes frères et sœurs – assis aux canapés ; j'entre. Notre sœur aînée, qui tient les comptes, dit que de l'argent manque dans la cassette, qu'y cherchant de quoi payer une dernière course à l'épicerie elle a compté la liasse non ficelée et qu'il y manque un billet ; chacun regarde l'autre, mais elle et mon père feignent de me regarder moins, leurs regards glissent sur moi et s'attardent sur notre plus jeune frère dont je suis en charge depuis la mort de notre mère ; dehors, la neige tombe dru dans la nuit, les véhicules y patinent. La colère me monte aux muscles, au sang : on sait que c'est moi, puisque depuis longtemps déjà je fais question – fugues, clandestinité, foi dans un destin.

Mais il faut jouer l'équité ; à quelques pas de la chambre vide – dont aussi je pourrais avoir violé l'espace sacré ; mais elle, son ombre depuis le lit ne m'a-t-elle pas vu prendre de quoi, à Paris, manger mieux ? Et m'en aurait-elle désapprouvé ?

Quand je mange le petit menu, dans la fumée des cigarettes et des marmites, n'est-elle pas, esprit, sur mon épaule à me souffler que j'ai raison, que je suis dans le chemin droit ?

Pourquoi vouloir savoir qui a volé ? Au lieu que si près d'une fête, de la réconciliation, la deuxième sans elle dont la dépouille se décompose dans le sol gelé tout près sur le versant Sud de notre massif, nous devrions nous étreindre tous, satisfaire les besoins de chacun, soutenir notre père esseulé ; notre frère aîné, soldat en Algérie, mon ami en peinture et musique, ne rirait-il pas, lui, jadis petit collégien en pèlerine dur à la faim sous l'Occupation, de ce tribunal inutile ?

. Jusque minuit, les questions, les pressions m'encerclent, me forcent ; je veux m'enfuir, dans la montagne y tenir jusqu'à l'aube... mon père me retient durement aux épaules ; nous nous retrouvons seul dans le salon, je soulève un fauteuil, l'avance vers mon père qui se garde de son bras, le brandit au-dessus de lui : « Tu frapperais ton père ? » Auraient-ils prévu mon vol ? N'auraient-ils pas quitté d'eux-mêmes les lieux pour m'y laisser le commettre ? et par mon aveu et ma contrition, par ma soumission, obtenu ma réintégration dans l'ordre familial et que, muni d'une pension consentie par mon père, je reprenne le cycle des études ? Eux tous, complices de ce jeu ? Mes deux plus jeunes frères ? Recrus, l'un et l'autre, comme moi, de cette agonie, jusque dans leurs jeunes os ?

Jusqu'à l'aube – tenir jusqu'au jour pour fuir à jamais, en pleine lumière, par en haut ou par en bas ? –, nous restons face à face, d'un bout à l'autre de la pièce, assis ou debout selon les griefs, dans l'ombre qui décroît.

À l'aube, comme, d'une nouvelle accusation et de son exigence que je rende le billet, je me lève et dis que je ne reviendrai plus, mon père s'agenouille devant moi, me suppliant de ne pas le laisser seul, je défaille dans ses bras lui remis debout, il m'étend sur le canapé, prend mon pouls, je chauffe et tremble ; son odeur d'éther et de cigarillo – il a cessé de fumer au premier diagnostic du mal de notre mère et, depuis sa mort, s'y est remis – embaume mon retour de syncope, son ombre est sur moi comme jadis sur nous enfants à nous endormir après la prière.

Le car du matin pour Saint-Étienne klaxonne dehors sous les marronniers enneigés : je rends le billet, prends mon sac en haut, descends, jambes mal assurées, nausée en gorge ; dehors, je cours dans la neige vers le car ; mon père est debout à l'une des fenêtres du salon, sa main s'élève derrière la vitre – les appels téléphoniques reprennent dans l'entrée, la neige aussi ; une nuit sans sommeil, les fondrières, les congères, la glace… mais il connaît chaque arbre, chaque rocher et l'époux ou le père ou le frère viennent, depuis les fermes, lui prendre sacoche ou valise, le guider hors de la voiture, sous la bourrasque…

Des femmes descendent au troisième arrêt en montagne, des poules caquetant en panier, ici vit caché un homme qui, jeune, a vendu un maquis d'adolescents polonais communistes que les Allemands ont massacré dans une clairière.

La colère, plus forte que la sensation de délivrance, je la contiens pour me garder d'une nausée plus forte, l'odeur de la neige, du café dans les fermes, de la bouse ne l'apaise pas.

Dans le train pour Paris où j'arriverai tard le soir, à voir hameaux, villages, petites villes, actifs sous la neige, gens dans les gares s'embrassant, elle faiblit et le remords – mais je m'attends à pire – me prend peu à peu tout entier quand je saute du train à la gare de Lyon ;

traversant le pont d'Austerlitz pour gagner mon hôtel au mois de la montagne Sainte-Geneviève, le froid le glace, la honte est dans mes os ; l'homme tombé du pont et qui se noie et que les pompiers sortent de l'eau tumultueuse, chargée de glaces, de boues, de bois, est plus franc au monde que moi ; tous mes secrets, toutes mes faiblesses affluent devant ma conscience d'avant même le péché originel, menacent de la désintégrer. Tout ce dont je me souviens, de moi, des autres, de ce que j'ai aimé, admiré, toutes les tragédies du monde, tout ce que je vois dans l'instant est marqué de ce vol ; refaire la matinée d'hier, autre : chambre restant fermée, le soleil y déclinant en rayon sous la porte, moi sous les toits faisant parler mes figures, après déjeuner descendant accompagner mon père dans une ferme basse congères jusqu'au toit, enfants rouges joyeux, sabots tapant la terre battue, grand-mère chauffant, et s'y chauffant, le café noir au bord de l'âtre, mon père, en haut, relevant le drap sur une accouchée, au dîner, mon père reparti dans la nuit, aux confins du bourg, réduire des fractures à un adolescent ayant percuté sa luge contre un tronc caché sous la neige, nous tous écrivant des lettres, jouant aux cartes, écoutant la radio, nos disques 78-tours, nos quelques microsillons ; refaire les journées d'avant jusqu'à celle d'hier, y éteindre toutes les colères, y réduire les peurs de faim, les recouvrir de texte vivace, les secouer dans le ski, les offrir dans la liturgie ; ceux que je croise dans les lumières connaissent mon vol, le voient ; dois-je encore, au bas, sous Saint-Étienne-du-Mont, de l'hôtel où j'ai ma mansarde sous le toit, d'où je peux voir la tour Saint-Jacques, tirer le cordon ? souhaiter Bonne Année aux hôteliers parcimonieux, ouvrir ma bouche, faire sortir des mots de ma gorge, monter les marches, sortir la clef de ma poche, ouvrir la chambre ? Immédiatement m'apparaît celle d'avant mon départ, d'avant la faute, rangée – mais, à vingt ans bientôt, qu'ai-je à y ranger que je ne l'aie, serré dans le petit sac à dos dont je peine à défaire les boucles tant je tremble ? Me coucher dans ce fantôme ? Ouvrir le lit ? Y glisser mon corps raidi dans l'interdiction d'y bouger un membre ? M'y endormir, laisser libre le rêve ?

Je dois contrôler, de ma raison interdite, tous les actes que la nature rend naturels.

Le lendemain matin, je n'ouvre pas le radiateur du chauffage : oser un geste de confort, comme si je vivais ?

Je sors marcher : que mes pas dans le froid me mènent où m'emmènerait mon cadavre.

Et encore, dépouille, squelette, en aurais-je droit ? Plus rigide que le squelette, paraître devant le Créateur qui, Seul, pourrait me faire rebouger les os, le sang me rejaillir dans les veines.

Non pas le Christ, trop enclin à pardonner quand mon épaule, à sa main trouée, résisterait.

Je me suis perdu devant l'esprit de l'être sacré aujourd'hui regardant Dieu, en Son contact : pas de faute morale, mais une faute d'ordre, un écart de Sa logique, un sacrilège de rien du tout mais une mort à vie ; et une offense au père terrestre. Pourquoi m'a-t-Il abandonné ? Je connais mes turpitudes : m'en connaît-Il une, pire et que je ne connais pas et qui le fait m'abandonner au vol ? Pourquoi, dans la chambre illuminée comme d'une apparition de Son fils, S'est-Il tu en moi, une fois ma décision prise ? ne m'a-t-Il pas foudroyé moi serrant le billet volé, me brûlant et brûlant avec moi le billet ? Foudroyé je le suis mais vivant ; plus froid que le froid qui m'environne.

Rentrer dans ma chambre pour y souffrir dans un espace clos, le manuscrit d'avant la chute fermé sur la table : reprendre le stylo, croire, espérer, figures parlantes me délier la langue ?

Ayant faim et souffrant de ce besoin qui me fait vivant, relié aux autres dont la vie, même coupable, est pure, intacte de ce délit, de ce crime, j'entre dans une boulangerie : la chaleur me prend la face, l'odeur du fournil me rappelle à mon ascendance dont je me suis fait indigne : mon trisaïeul maternel, boulanger mystique à la Croix-Rousse sous la Restauration ; le parfum des seins de la boulangère, l'inflexion tendre et grondeuse de sa voix me font fuir ; dans quel lieu froid, sans voix ni regard acheter de quoi tenir un jour ?

Dans un commerce automatique j'achète du pain, de l'huile d'arachide, du sel, je l'emporte dans cette chambre qui ne m'est plus un logis franc, mais un réduit de passage où, animal indigne, je cache des provisions d'hiver ; l'hôtelière, que je ne peux éviter, s'étonne à la fois de ce que j'apporte de la nourriture dans son établissement qui l'interdit et de ce que je ne me nourrisse plus que de ce peu. Mordre, mâcher, tremper le pain dans le bol d'huile, saler le tout, mouvements, gestes arrachés à cette grande privation, qui n'est pas, même imposée par ma pauvreté, un acte de contrition volontaire, mais comme descendue du ciel, et d'un ciel que je ne vois plus, ni de jour ni de nuit, dont la mémoire qui m'en reste dans mes restes de récitation interne de poésie me fait mal, mais d'un mal égal au bien ; ni mal ni bien, rien que, hors de moi – mais quel moi ? –, les autres, du plus glorieux au plus misérable, du plus puant à la plus parfumée, du plus lointain dans le Temps au plus proche.

Tout regard sur moi, sur mon regard, c'est du regard sur un autre, de côté, derrière, même très loin : je n'existe plus. Comment, n'existant plus, vivre ? Je ne vois plus mes amis, si j'en vois une ou un m'attendre au bas de l'hôtel – mais la ou le reconnaître comme tel me redonne une identité, dont je ne veux pas –, je recule dans un renfoncement ; je ne passe plus dans nos lieux familiers que tard dans la nuit ; rentrer dormir, c'est rentrer mourir ; mourir même, j'en suis indigne.

Lieux, objets, faits de nature observés et aimés avant le vol, nuages, neige, ponts, fleuve, statues, façades, tout m'apparaît d'un ancien monde dont ma faute me prive même d'en vivre la nostalgie ; le métro ne me mène nulle part : à l'ouest c'est comme au sud ; à l'est comme au nord ; les figures, des ombres, les voix, des échos.

La faim, le soir, rongée, dévorée par elle-même ; tout, rongé, avalé par la faute ; la pensée, impossible, le moindre mot intérieur à la lancer, avalé sitôt conçu.

De jour en jour, en nuits, la privation ralentit le Temps, l'espace, la faim me fait marcher de plus en plus vite ; traversant au Palais-Royal, une grosse voiture me heurte, me renverse, je joins mes mains, ma tête sous le capot, je me remets debout, repars dans une rue adjacente, regarde une devanture, c'est en retraversant au même lieu que je ressens l'impact du choc, on m'y rappelle, d'une terrasse, que je viens d'y être accidenté ; les bruits je ne les entends plus qu'en avant ou après-bruit ; les distances, réduites, et ma hâte à les franchir renforce ma fatigue ; tel dôme est à portée de ma paume ; voyant un enfant manger, je mange ce qu'il mange, et toute la famille.

Passant le long d'une grande salle de concerts, j'entends, j'écoute, par le soupirail fermé par la neige, des arpèges au piano, des glissées de cordes, je reconnais l'œuvre mais je repousse aussitôt de ma vision intérieure la page de titre de la partition maintes fois, « avant », contemplée dans un livre.

Je tourne dans Paris, sa proche banlieue parcourue l'été dernier dans mes courses vers les cousettes au grand cœur, le mien alors si joyeux : au nord, vers la Zone, dont la neige ne réduit pas les remugles ; les charrettes des chiffonniers sans voix brinquebalent sur les pavés verglacés, de la poussière, de la cendre autour ; taudis, volées d'enfants mâchurés.

Je n'écris plus, je n'écrirai plus. Les restes de côtelettes dans les décharges des rôtisseries, je n'y touche pas mais plus tard, marchant incliné dans le froid, j'en mâche, en pensée, les restants de chair, que je ressens coincés entre mes dents et que j'y déloge à l'ongle, j'en ronge les os.

De nuit en nuit, tout ce à quoi j'oppose mon présent anéanti, le temps d'avant le vol jusqu'aux dernières minutes d'avant mon entrée dans la chambre éclatante, enfance, foi, adolescence, peinture, poésie, se voile, s'éteint dans une fustigation ricanante : des tas de cendre ; il faut en détourner ma pensée ou faire en sorte qu'il n'y ait plus rien à y voir, que rien, même, n'ait eu lieu avant que j'aie empoigné le loquet d'ivoire.

Les rêves ? Formés des choses d'avant, j'y perds au moins mon moi de peau, de contours, est-ce bien « moi » qui les vis ? ou les choses qui me cherchent, qui me cherchent un moi ? Les cauchemars, dont je me sors, suant, enfiévré, dents claquantes, parfois pleurs aux yeux, râle en gorge, je les ressens comme un refus que le rêve, pérégrinateur, judiciaire, amoureux, me rétablisse une identité et, me couchant, je les espère.

Une nuit noire, ayant marché trop tard trop loin en banlieue Sud pour pouvoir rentrer en transport public, je m'égare dans une zone en modernisation où, plus loin, entre les constructions en cours, une avancée de béton recouvre au tiers un ruisseau dont j'entends le ruissellement sous la glace. Je franchis ce que je peux voir, sentiers de chantiers, barrières de bois, lattes sur tranchées, les refranchis en sens contraire, des chiens aboient loin vers une ligne de lumière clignotante dans le ciel ; mon écharpe se prend dans un barbelé à hauteur de mon cou, mes doigts s'y empêtrent, mon souffle embue mes verres ; j'avance, d'un immeuble en voie de démolition je monte les marches qui restent vers un entresol de trois pièces à ciel ouvert où le passage à basse altitude d'un avion laisse un peu de lumière : j'entre, mains en avant, dans l'une, tapissée de papier peint décollé du plâtre effrité, je tâte l'obscurité, mon tibia heurte un lit dont je fais le tour : un pied manque, un édredon rouge pailleté de glace, un traversin rayé bleu, un parfum de femme, un matelas intact où je m'étends, un quignon de pain dans la poche interne de mon blouson qu'inclinant la tête sur le côté je ronge, sous l'édredon, jusqu'à l'endormissement.

Des cris me réveillent, je regarde, œil nu, vers les cris, stridents, rauques, d'autant plus forts que je les ressens comme expulsés d'une petite gorge, de ce qui en deviendra une, comme, enfant, dans la ferme, en bas au coin de l'âtre auprès de la grand-mère, j'entends le premier cri du nouveau-né que mon père en haut, aide à venir au monde ; pour voir il me faut mes verres, je les mets ; je tousse, mes poumons chauffent ; entre les branchages défeuillés d'un arbrisseau, je vois des lumières clignoter, éclater à la façade d'un grand immeuble blanc neuf, d'une baie à l'autre, aux étages supérieurs ; les baies sont-elles entrouvertes pour que passent les cris redoublés ? Un nouveau-né ? Deux, jumeaux de la même mère ? Plusieurs nouveau-nés de plusieurs mères dans plusieurs chambres ? Des lumières s'ouvrent en ligne et à d'autres étages, supérieurs, inférieurs : naissances en ligne ? Cris à tous les étages ? Parturitions à la même heure, à la même minute ? Parturientes d'ici et d'ailleurs regroupées dans le même bloc oblong d'une nuit à l'autre, d'ici à là-bas, contre lequel j'entends déjà, marteaux, truelles, les ouvriers travailler aux finitions ; navire de la vie future, batterie. Les avions, qui réapparaissent dans l'aurore noire, amènent les mères, remmènent les nouveau-nés…

Je sors de dessous l'édredon glacé, je titube dans les projections de lumière, le long du cours d'eau qui charrie des restes rougis, chiffons, placentas dont les chiens aboyants se rapprochent, vers un morceau de route goudronnée sur quoi viennent marcher d'autres, emmitouflés, nous marchons vers ce qui apparaît comme un abri d'autobus, devant lequel un véhicule sonnant s'arrête, tous y montent, je me dissimule entre leurs manteaux, mon odeur dans les leurs ; l'autobus roule vers Paris, y entre, est-ce bien Paris ? A-t-on bougé depuis le ruisseau gelé ? Je vais à pied vers mon hôtel, y monte dans ma mansarde, y mange un croûton trempé d'huile dont je cache la bouteille au fond de mon sac à dos, avec la boîte de sel, toute nourriture étant interdite dans les chambres.

Lavé, je redescends marcher, mon pied sur une plaque de glace me ramène à l'avant-vol, toute armoire en fond de magasin d'antiquités à celle de la chambre de ma naissance où j'ai arrêté ma vie ; eux là-bas, même en tourment, vivent.

Même lui, si esseulé, mon père – mais l'est-il toujours, outragé, et par moi ?

J'hésite à toucher, rue, magasins, chambre, ce qui est de la vie d'avant, de la vie des autres : en ai-je le droit ? Un pommeau de grille aux Tuileries, un ticket de métro, de la monnaie ; puis-je, dans une église, regarder le regard d'une statue, d'une figure de peinture ; mon regard, à cru ou avec verres, glisse sur la petite lumière du Saint Sacrement dans le tabernacle : nul dieu ne veille plus sur moi ; par Qui ai-je été voulu, porté, enfanté ? L'ai-je même été ? Ou ne serais-je pas un double dont le premier me rejette ? Je fais effort pour me surplomber, me voir dans tout ce dont je me souviens du courant de ma jeune vie et tout s'effondre quand de mes yeux intérieurs j'approche du moment du vol : commis en pleine lumière, l'acte ne peut échapper à mon regard panoramique interne. Aucun acte de Bien, d'héroïsme mortel même, ne peut plus l'effacer. Et mes yeux externes restent secs : nul remords, nulle peine ne peut l'abolir ; nulle main amie – la seule, à pourrir maintenant sous la terre… – pour, touchant la mienne ou mon épaule…

Nulle bouche – la seule (et serait-ce si sûr ?) à, maintenant, s'ouvrir en dents, en os, dans la fosse sous dalle de béton – pour toucher ma joue, mon front, ma nuque : ce mouvement qu'elle faisait si souvent, soudainement, de m'étreindre de côté et de m'y frotter le dos, ce serait, maintenant, d'un squelette, ah dieu !

Je traverse avenues, rues, places sans regarder, ni droite, ni gauche, ni devant, comme si je n'existais pas, pour moi et pour les autres : les freinages, les klaxons sont pour les vivants. Au mieux, mon tourment de ne plus être en totalité s'oppose, comme un bloc de pierre – larmes non versées en bloc de sel –, au mouvement externe.

Je rentre tard dans la nuit, là-haut, je sors pain, huile, sel, rouvre la porte, regarde sur le palier, dans la descente d'escaliers, craignant que gardienne ou gardien ne monte m'écouter manger ; je laisse la porte ouverte, leur ombre montante m'y apparaîtra au mur du palier de dessous : je débouche lentement le goulot, verse doucement l'huile dans le bol, trempe le milieu, mou, du pain dans l'huile sans en heurter les parois, agite la boîte de sel ; je mange la croûte sans la faire craquer – je mangerai le quignon, plus dur demain, pendant le ménage bruyant de la gardienne.

Au cœur de la nuit, je me lève, descends pisser dans le chiotte à la turque de l'étage du dessous ; quand j'en remonte, je vois une silhouette grise, sans sexe, debout appuyée contre le chambranle de ma porte, son regard vide me suit entrant en la frôlant ; je m'endors, la retrouve dans l'un de mes rêves, mais poitrinue ou couillue selon le lieu ; au matin, dans les rayons qui, de leur éclat, font disparaître le manuscrit ouvert sur la table, elle, redevenue sans sexe, s'enfuit vers la porte entrouverte, passe au travers ; un ricanement dans l'escalier : un voisin du dessus, en défécation difficile.

Je marche plutôt dans la neige que sur les sols dégagés, pour moins de bruit : ne pas éveiller la douleur. Je suis les charrettes de blocs de glace que des chevaux tirent d'un bistrot à un autre, mais l'odeur de leur crottin dans l'odeur de la neige me point au cœur, celle des lieux où mon père, engoncé dans sa canadienne, marche vers les fermes.

Un midi, suivant un chien qui, efflanqué, me fait fête – qu'aurais-je à lui donner d'autre qu'un de mes derniers quignons ou le conduire dans l'une des rues à rôtisseries du quartier intellectuel, où tous, après une courte matinée paresseuse, se retrouvent pour déjeuner aux frais de leurs maîtres : y fouiller dans les arrière-cuisines ? –, j'entre dans une petite rue aux maisons basses où je l'ai vue, elle, S..., l'automne dernier, se laisser remonter son court pullover de laine légère presque troué aux tétons par la main d'un autre que son coutumier et, ses yeux renversés, révulsés dans la pénombre du renfoncement tapissé d'affiches vert et rouge de l'insurrection algérienne : alors le seul contact avec ce signe vaut complicité. Je vais vers ce mur, nu maintenant, y flairer son parfum dans l'air glacé : sa croupe s'est frottée à ce crépi, sa joue fraîche, ronde, celle de ses sept sœurs et frères dont elle m'a montré la photographie générale pour me dissuader de n'en aimer qu'une, elle, seule..., ses seins quand il l'a retournée pour l'étreindre de dos. C'est d'un autre que moi que mon membre s'érige ; ai-je encore une âme ? Me l'a-t-On retirée de mon corps, avec l'honneur ?

Le chien, la moitié de mon quignon avalée, lèche boit la neige, remue sa queue fournie, lèche ma main, trotte plus loin, je le suis, d'autres se joignent à lui, à nous, s'écartent, détalent, droite, gauche, se reforment en bande loin devant nous, jusqu'au Pont-Neuf : la bande s'égaille entre les pavillons Baltard, mais le chien me pousse aux jambes et par des lècheries aux mains me dirige vers ceux de la viande ; la neige reprend, lourde, liquide, dans la nuit ; ne serais-je pas plus affamé que ce chien dont mâchoires, gorge, boyaux, rectum peuvent s'accommoder de déchets de rue ? Et s'il m'attrapait une côtelette sur un étal, on ne pourrait lui battre que ses flancs à s'enfuir plus loin ou ramper ou sauter dans un lieu inaccessible à l'homme, mais moi, à le faire, je serais saisi, mis au trou, jugé condamné ; lui faire saisir pour moi sur l'étal une côtelette ? Du vol, encore du vol, encore plus de non-existence ; et la manger ronger crue ? la faire rôtir sur un feu de misère dans un renfoncement de miséreux, leur prendre de ce feu qui les réchauffe ? Où me cacher pour la manger saisie, ruisselant de sa graisse ? Plus loin vers le terrain vague de Beaubourg ? sur le quai ? À l'entrée de la rue Saint-Denis, le chien, sa côtelette crue aux crocs, me quitte : ai-je mes doigts, ma bouche barbouillés de graisse que, dans le mouvement silencieux des hommes sous la neige, un, deux, trois m'effleurent comme pour me la lécher ?

D'un couloir rouge, des seins corsetés de blanc s'avancent sous le néon ; je me sens pâlir, mes dents retiennent un vomissement de rien, mes entrailles se tordent, la douleur me tord la bouche, le gargouillis de mes boyaux résonne dans le couloir capitonné, les seins bougent, sautent devant la chute de neige ; je comprime de mes poings ce gargouillis qui me désigne : une bouffée de chaleur m'alanguit, je vois au-dessus des seins une tête bouclée dont la bouche s'ouvre sur la neige, appelle, flocons fondant sur des lèvres retroussées ; toutes mes forces dans chair, muscles, os pour m'élancer hors de ce stupre rouge ! Une main sous ces seins, me frôle, potelée, la cuisse, le ventre creusé, je glisse sur le trottoir qui reverglace, me relève, la fesse contusionnée, le choc, la douleur arrêtent la pâmoison ; je marche, dans une quinte de toux, boitant, vers Saint-Eustache – jadis sainte Agnès vierge martyre emmenée au bordel puis, chevelure repoussant sur tout son corps inaccessible, égorgée –, dont les loqueteux quittent les marches du porche.

Rue du Jour

Serait-ce Dimanche ? Un Salut du Saint Sacrement se met en place, loin dans la haute nef, au fond illuminé, devant l'autel dont je reconnais la rumeur, cliquetis de l'ostensoir, frottement des chasubles, volée des aubes des enfants de chœur, et les odeurs d'encens, de métal, de tissu précieux ; un chant s'ébauche dans le côté gauche du chœur, à hauteur de la sacristie ; frissonnant, je m'assieds sur une chaise fixe de l'une des rangées de près du porche, à gauche de la chapelle de la Rédemption ; la chaleur monte le long du pilier, j'ouvre le blouson large qui recouvre mon blazer, mais le tournis me reprend et la toux qui le renforce ; sur ma droite dont le vertige m'interdit de m'y retourner pour la voir tout à fait, je devine une table illuminée de cierges allumés, de la cire qui pend des bords... déjà, du chœur, le Salutaris hostia, gorges d'enfants, bouffées d'encens ; en arrière de moi, sous le grand orgue, un battant de la double porte capitonnée s'ouvre, se referme, un parfum, de femme, avance, rapide, vers les cierges dont la flamme se couche ; l'assistance devant le chœur n'est pas d'un dimanche : débardeurs, forts des Halles, transporteurs, vendeuses, vendeurs, en vêtement de travail, filles... serait-ce la fête de sainte Agnès, dont Agnès, une petite bonne provisoire de notre grand-mère, blonde, air frais de ferme du haut, m'ouvre ses seins roses, dans le couloir-évier de la cuisine, pour la fête de sa sainte, le 21 Janvier ? Depuis plus de vingt jours, donc, j'erre, moins que réprouvé, dans la ville, au pain à l'huile au sel ; décapité comme le roi, du même jour ; le tranchant du glaive égorgeant la vierge Agnès dans le lupanar doublé du couperet public appuie sur ma gorge, une ombre sur la dalle redouble le parfum.

Est-ce la même fille à peine femme que j'ai vue sous le néon sur rue et devant un escalier rouge, l'été dernier, tout près, approchée et sentie, Laideronnette au flanc, son parfum alors résistant au remugle de la viande des Halles, crue sous les mouches, de la sueur, de l'haleine des hommes en rut ? Le bras levé, le poil d'aisselle étincelant, la main haute recourbée désignant le dernier de la file, un frais ouvrier torse nu remontant du poing son pantalon ficelé à la taille ?

Rejeter cette image qui me fait un passé ! Une fourrure blanche apparaît à la droite, dissimule les lumières du porte-cierges, haute sur des épaules de femme, les poils usés frôlent les petites flammes ; une main, potelée, accoutumée aux plis, trous, interstices, doigts déliés, libres l'un de l'autre, prend ferme un cierge, l'autre glisse une pièce dans la fente de la cassette ; le tintement m'en rappelle une pièce d'or brillant brièvement au fond de la cassette de l'armoire – et, depuis le vol, tout bruit des machines à monnaie des commerces ; le petit poing enfonce le cierge neuf dans le pic, les doigts près de la mèche ouvrent un briquet de couleur or, l'allument ; la flamme éclaire une face défardée mais la joue en tournant colle un peu sur la fourrure ; une cicatrice très fine – dans l'amour, se découd-elle ? – court depuis le milieu de sa lèvre supérieure jusque, dessous la narine un peu retroussée et le long du plat de sa joue, sous son oreille nue où brille sur le lobe un point de sang séché ; mon regard se maintient sur cette joue qui bat d'une parole intérieure, un vœu, une espérance, une colère ou ce que je n'ose penser, un acte de détail de la passe, récent ou en préparation.

Où m'étendre de tout mon long ? L'entrée d'une silhouette par le petit portail antichambre de bois blanc sur le côté sud de l'église pousse du froid vers le chœur et les suints et odeurs de victuailles de l'assistance lointaine vers mes narines ; que vomirais-je de ne manger que du pain et de la mauvaise huile d'arachide depuis trois semaines, dont je ne défèque la digestion qu'au milieu de la nuit, dans l'angoisse du lever du jour ? Les petites flammes des cierges se couchent vers la direction du porche sous le grand orgue derrière moi ; ses seins sont-ils tendus à cru sous la fourrure qui avance le long de moi ? Un chemisier léger prend, recouvre les seins jusqu'à la naissance du cou, les tétons, gros – mais que sais-je alors des tétons de fille, en vrai, hors photo, film, peinture ? je n'en ai jamais touché de mes doigts, encore moins de mes lèvres, mais, jadis, non conscient, corps libre, j'ai touché et sucé ceux de ma mère –, y affleurent ; sa robe, plus large, moins courte que celle de l'été, les fleurs s'y étirent au tissu serrant les reins, mouillée à l'entrecuisse : sueur ? pisse de bébé ou de petit enfant – en aurait-elle un, mis en nourrice et, de joie de la sentir, se soulageant sur ses genoux ?

Elle recule sur le côté, vers le porte-cierges ; depuis mes yeux qui ne voient plus que de l'éblouissement en zébrures, en clignotements, depuis mes oreilles où le bourdonnement reprend – et la supplication de mon père à genoux – avec celui du grand orgue, je vois, j'entends qu'elle boite un peu ; me retourner si peu me redonne le vertige : son front sous de petites boucles entre blond et roux – dont je me hâte, cœur accélérant vers son pic, d'imaginer que, blondes, de fouiller sur ordre entre les cuisses du tout-venant elles s'y souillent – est bosselé comme d'une combattante jusqu'à l'aurore ; sa nuque – elle se retourne, ses hauts talons grinçant, sur qui vient d'entrer par le porche ou descend de l'orgue – tendre sur os robuste : faite pour la main, pour les lèvres, pour le joug pour y plier mais pour y résister, le faire éclater ; pour qu'y pèse, repose le monde, du duvet blond dont la lueur déclinante et secouée des cierges fait scintiller

la sueur : ce cou entre les jambes du tout-passant mâle
– et femelle ? – si la passe dure ou dans le coude du
souteneur, du passeur de filles ; mes yeux qui se voilent
dérivent d'elle aux chairs mystiques des tableaux suspendus dans les chapelles, à celles de plâtre, de marbre, de
bois doré des anges agenouillés : entrer mon reste d'esprit, de cœur, d'os, de muscles, de nerfs, dans ces chairs
demi-nues ou drapées de plis ou de peau de bête, regarder
depuis leurs yeux, prier depuis leurs mains jointes, ailes
s'enracinant dans mes épaules... Qui prie derrière ces boiseries ajourées ? une princesse de Lamballe, fidèle à sa
reine, sotte courageuse, dont bientôt les massacreurs, de
son sexe découpé déchiré, se feront une moustache san-
glante... mais elle, la petite dont les seins ballottent au
tintement de ses hauts talons, quand un mâle lui fourre
son mufle hurleur de crieur des Halles dans le sien, ne lui
cligne-t-il pas ses yeux par-dessus le plat de son ventre
de misère, les poils retroussés de son sexe public à ses
lèvres ? Le son de la succion me remplit l'oreille : vite
retourner à l'idée (qui me délivrerait du charme) que, assis
sur la chaise de paille, sueur froide et chaude au front,
aux mains, je poursuis depuis le dehors glacé, sans en
atteindre le terme, une idée enfin droite sur le plat, toutes
diversions attenantes repoussées, sur l'être, humain, animal, de nature, objet, quand ma pensée habituelle creuse,
pousse comme un bousier sa bouse – penser tout en même
temps, avancer dans la moindre idée avec tout son être –,
s'obstine ou s'élance et se perd en haut dans l'Histoire ;
ma pensée de bord d'abîme se précipite alors de celle de
ma mère en pourrissement dans la terre gelée sous le ciel
bleu d'hiver, de celle qu'elle aurait assise vivante à mes

côtés, de cette pensée, la mienne, l'accompagnant la ber-
çant jusqu'à son accomplissement impossible sur terre,
possible dans son au-delà dont l'ombre m'entoure. Et je
n'ai pas encore assez vécu pour penser l'être.

Vite, penser, immobiliser ma pensée sur de l'objet,
inerte, plein, ordinaire ? Mais tout, dossier de chaise
devant moi, bout de mon soulier, dalle rompue, dalle
entière, pied de chaise, cendre de cigarette au sol, tout
entraîne à penser, tout autant que le parfum de fille, la
musique et la lumière des tableaux derrière moi ou les
clochettes du Salut qui s'achève loin dans la lueur dorée ;
comment surseoir à l'évanouissement ? Si je ferme mes
paupières, c'est à la vie : le noir me prend, le néant me
dissout vivant ; si je tombe, c'est pour mourir – et la pisse
et plus sous moi sur la dalle ; et ma dépouille sans identité – depuis le vol, j'ai jeté la carte –, seule dans cette
ville immense, antique, de plus de deux mille ans d'âge et
pour combien de millénaires encore ; m'étendre sur le sol,
en ai-je le temps, la force encore ? arranger trois chaises
et m'y renverser ?

Le bruit que j'y fais, car les chaises sont fixées entre
elles, remue quelque chose sur ma droite : je peux encore
voir du tissu fleuri à se tendre entre deux hanches, entre
deux flancs sur lesquels elle appuie en rue ses mains de
travail, la lumière du cierge sur le poignet puis le menton à plis et bourrelets de plaisir de la fille ; je fais effort
pour me lever, sortir de la rangée, fléchir mes genoux,
m'agenouiller, m'aplatir sur les dalles où fond de la
neige boueuse, je ne vois plus rien que du noir, mon front
fouille une empreinte de neige, s'y rafraîchit...

Un bruit d'assiettes, de couverts, de mâchée m'éveille, le temps de me ressentir couché au chaud dans un pyjama, mes paupières restent fermées, le noir me reprend dans une nausée qui verse ma joue sur un oreiller frais…

Une paume passe devant mes paupières qui s'entrouvrent, une main forte prend la mienne sous l'édredon, je vois une grosse montre sortir d'un gousset, j'entends une voix vieille mais pas les mots, retourne au noir, puis y ressens qu'on tape sur la part haute de mon corps sans contours ; un peu de lumière jaune traverse mes cils encroûtés, un liquide sucré mes dents ; une porte grince, claque ; une main potelée caresse mon front, des doigts aux longs ongles traversent mes cheveux abondants, faufilent les mèches, grattent mon crâne, ma bouche et mes joues se tendent se plissent comme pour un sourire que mes organes principaux, durcis, refusent.

Je ressens mes orteils dressés contre l'édredon, mes paupières s'entrouvrir sous des doigts qui y frottent du linge mouillé ; du soleil éclaire, chauffe le poignet blanc ; de dessous l'édredon, une main, la mienne, encore pâle, remonte s'y poser…

Plus tard, car, au travers de la neige qui pèse, le soleil est rouge au vasistas que mes yeux renversés dans un reste de vertige voient au-dessus de moi, une forme parfumée se penche sur ma face, d'elle, étoffe et chair, sort un sein, des mots que je ne détache pas les uns des autres chantent, plus haut ; un téton aréolé de gris-rouge approche mes lèvres, des veinules bleues palpitent sur le globe du sein, j'y flaire l'odeur du lait – un cheval piaffe en bas sur la neige, au-devant de son chariot de lait ?

Devrai-je le recouvrir de mes lèvres qui se rehumidifient, y entrouvrir mes dents, y poser la pointe de ma langue ? Comment téter ? remonter à mes premiers jours, à mon être, même préconscient, toucher par la pensée à cet être exécré que je tiens à distance pour mieux le cibler, tout entier, quand il en sera temps ? Et mes dents toquant un vide entre des os ? Le médecin, dont j'ai senti l'odeur du vieillissement, lui aurait-il recommandé de me faire revivre par son lait ? Où fait-elle garder son bébé ? De quel homme ? Partager ce lait avec ce nouveau-né dont les os de la mère d'où il est sorti craquent jour et nuit sous le poids du tout-venant mâle de cet enclos de viande fraîche, pourrissante où galopent les rats ?

Une goutte de lait tombe sur le milieu de mes lèvres, un petit rire éclate, plus loin, une porte d'armoire s'ouvre sur une odeur de naphtaline : y cacherait-elle son argent ? ou bien, d'un tintement au sol, sous une tomette ?

Aurais-je sur mon front la marque du vol qu'elle s'affairerait, tout en me donnant le sein, à protéger ses gains de la folie de ma main ?

Encore une lumière dorée au vasistas, puis rouge, puis la nuit : la vieille main me reprend la mienne, bruit de papier froissé, le même que j'entends au poing de mon père quand on lui paie – sauf les plus pauvres – sa course ou sa consultation ; et mon cœur s'emporte, serait-il venu jusqu'ici, me reprendre, me refaire un être ? Mais la main est trop osseuse et les veines en sont trop sorties.

Une fraîcheur, vers les coups de minuit à Saint-Eustache – compter, y risquer le retour de l'être –, du côté de la porte qui s'est ouverte : de peau, de drap d'habit, de pâté, de sel marin, sans verres je ne vois que du vague, des couleurs, peu de formes sauf à deux poings de ma face ; à nouveau, des bruits d'assiettes, de couverts, mais pour plus d'une, du gaz qui s'enflamme, un bouillonnement où je flaire une odeur de pomme de terre ; « je » veux me redresser, mais m'appuyer sur mes coudes c'est reprendre de l'assurance en ce monde et y retrouver honte ou rage ; voix, bruits de mâchée, puis celui d'un baiser, mais de famille, pas d'amour.

Bruit de ressorts de sommier vers le fond possible de la pièce dont je ne connais de vue que ce qui transparaît de jour et de nuit au-dessus de moi ; une forme chaude se faufile sous l'édredon, je la laisse prendre ses aises à mon côté : serait-ce celle de l'odeur et de l'une des voix au-dessus du bruit d'un repas ? J'entends que, dessus l'édredon, des doigts défont le bracelet d'une montre à un autre poignet, la déposent sur le sol dont je ne sais pas encore si un lit y est posé ou un matelas à même le carrelage ; la forme est nue, elle le sent ; tendre, douce, précautionneuse, elle ne me touche pas mais enveloppe la partie de mon corps qui se refait, poitrine, bas-ventre, cuisses, genoux, orteils, depuis peut-être trois jours sous l'édredon, d'une chaleur fraternelle.

De l'autre côté de la pièce, plus haut que nous, comme le claquement d'une bande élastique sur de la chair ferme : son soutien-gorge qu'elle ôte de ses seins ? plus bas, de l'élastique aussi ôté, défaufilé libérant une odeur.

Je m'endors, sur mon côté gauche, la forme s'endort, roulant sur son côté droit, ses jambes s'écartent un peu mais au bord de toucher les miennes, le rêve pour moi commence, entre « alitement » et « allaitement », dont je m'éveille en sursaut, sueur à la poitrine où bat mon cœur emballé et bouche asséchée, ma main sort de l'édredon, descend, touche un petit tabouret de paille où le rayon de lune traversant la couche de neige fondante de dessus le vasistas m'éclaire mon étui rouge, je l'ouvre, y prends mes lunettes, les mets, me retourne du côté de la forme : une tête bouclée que son blond éclaire verse, bouche grande ouverte sur un court ronflement où la morve claque, vers le vide, cordes du cou tendues ; un moulin à café grince vers le fond en arrière de notre sommier ; la tête bâille, remonte à hauteur de la couche, des yeux bleus flamboient dans le rayon de lune qui passe au bleu, la même bouche que celle de la petite, le même menton mais sans bourrelet dessous ; la forme se redresse, une main écarte le bord de l'édredon, un garçon bondit, sautille sur le carrelage, court vers l'odeur de café, des os y craquent, l'étreinte debout s'achève en baiser violent ; le garçon revient au sommier, s'accroupit devant moi, nu, en caleçon bleu marine, coudes aux genoux, mains aux yeux, paumes au menton, face rayonnante ; un pan de peignoir blanc remue contre son épaule : c'est elle, mes yeux remontent, par-dessus l'échancrure où bougent des seins chauds, vers sa figure ; j'y revois la cicatrice ; une bouche déjà maquillée sur les traces de café m'y sourit, des dents un peu grosses éclatent dans le rayon du matin. Le garçon ramène ce pan blanc sur sa joue hâlée, l'y frotte ; il se redresse d'un seul mouvement, la petite lui pose son menton sur l'épaule, lui, se grattant un bouton sur l'intérieur de sa cuisse, je vois qu'il bande fort et haut, il ramène sa main sur sa poitrine soupirante ; derrière lui une commode de bois sculptée de fleurs, de fruits : dessus, entre des poupées, deux petits cadres entre arabesques de métal : l'un figure la petite en tenue de communiante tenant la main d'une femme en tablier de paysanne, fleurs au champ, l'autre le garçon en premier communiant, bande blanche au bras, main dans celle d'une autre femme fourche au poing, paille au sol ; un petit poêle vert ronfle près de la porte contre laquelle sont suspendus son bâchi avec ruban et pompon rouge, à un cintre sa tenue de sortie bleu marine, pantalon à pont et vareuse à col blanc ouvert.

Ne pouvant encore tenir debout, je suis à leur merci et j'encombre de mon corps lourd et maladroit leur espace réduit ; ma présence, même affaiblie, trouble leurs retrouvailles, mon vol, même secret, se répand dans leurs tiroirs, de vêtements, d'objets intimes, de couverts, de vaisselle, de denrées, sur leurs étagères de toilette, de soins, de beauté, à l'intérieur même des flacons, des bocaux ; dans les poches de leurs habits, dans leurs portefeuilles, dans leurs chaussures. Aucun de mes regards ne peut plus être franc, aucun de mes actes, pur.

Sortant sur le palier pour toquer à la porte d'une vieille femme vivant seule dont elle dit qu'elle vérifie chaque matin qu'elle est vivante, lui répondant depuis son grand lit haut sous les combles, elle y ramasse un moineau gelé pattes en l'air, me le glisse sur le ventre entre édredon et pyjama – de qui sait-elle que j'ai coutume d'apprivoiser des petits animaux ? Je m'y réendors ou y reperds connaissance : au réveil, l'oiseau bouge dans les poils de mon bas-ventre ; la petite le reprend poignet frôlant mon membre, lui fait prendre de l'eau sucrée, du grain de chènevis ; l'oiseau sautille sur la toile cirée de la table ; j'essaie de sortir de dessous l'édredon, la douce odeur de pisse flairée enfant dans les logements, lits ouverts, marmaille morvaillante, des ouvriers de notre village, de peu encore paysans, effleure mes narines quand le garçon revient de la pénombre, figure savonnée, cheveux lavés, est-ce de son caleçon bien fourni ? Il se penche pour me prendre le bras puis l'épaule, elle me prend l'autre, mon pied touche le carrelage, puis deux, je me redresse, tiens debout ; le moineau s'est aplati sur la toile cirée, remuant vers le haut sa tête aux paupières demi-closes ; elle, me retenant le côté droit, me fait un baiser sur le bord droit du cou, lui, côté gauche, un baiser sur le côté gauche ; ils me font marcher, chacun du rire dans mon oreille, dans la pièce dont je découvre le fond obscur : étagères de denrées, réchaud sur tablette, vaisselle suspendue, linge, petit évier de fer-blanc ; plus profond, à droite, un grand lit avec fleurs et fruits sculptés ; contre le mur qui se resserre, une petite armoire à glace qui sent les dessous.

Le moineau ne bouge plus, il dort, vacillant un peu ; ils m'assoient à la table dans un fauteuil de paille, le garçon prend le moineau, marche vers la porte, sort sur le palier, je le vois y ouvrir le fenestron à ras du plancher, desserrer son poing, le moineau s'y cramponne, lui chie-t-il dans la paume ?

La petite dispose tasses et cafetière sur la toile cirée au bord de laquelle est ouvert un petit carnet de comptes : le produit de ses passes ? J'y regarde de côté : les chiffres à l'encre bleue me font rebattre le cœur mais du désir, ancien, d'écrire, et dans le pyjama du frère mon membre se redresse contre ma volonté – mes écrits clandestins, « sauvages » le surtendent, qu'aujourd'hui moi qui ne vis plus n'en éprouve ni dégoût ni honte, toute turpitude antérieure au vol ressentie comme une affaire d'enfant ; le poêle ronfle, le garçon, accroupi, toujours demi-nu, la croupe robuste, le charge de petit bois. Le moineau dort, piaille un petit cri aux réveils, dans une boîte de chiffons au sol.

Lavés, habillés, lui en tenue, elle dans sa fourrure, ils sortent, moi recouché, café aux lèvres ; où sont mes vêtements ? Partir ? M'enfuir ? Un message sur le carnet ? L'emplacement du corps du frère le long de moi sent l'escarbille, la bière, la sueur de sel ; trop faible encore pour rester debout ; le médecin a-t-il laissé des prescriptions ?

Midi à Saint-Eustache, décalé sur Saint-Merri ; la porte reste entrouverte sur le palier ; qui peut entrer ? un client qui se trompe d'heure ? un policier ? un souteneur ? Il neige, le vasistas brille d'une lueur bleue, le moineau sur les chiffons, plumes gonflées, change de place ; au vasistas, une ombre noire : une corneille qui pique boit la neige ? Sont-ils sortis pour nous ravitailler, eux et moi ? Vais-je devoir manger ? Rompre mon jeûne de détresse ? Du palier me parvient une odeur forte de poisson bouilli : une porte s'y est ouverte, une vieille femme en cheveux gris, robe noire à pois blancs, tient entre ses poings sur sa grosse poitrine un plat de terre qui fume, un chat noir la suit, entre ses jambes, pattes hautes queue levée ; le moineau volette dans la boîte, je verse sur le côté gauche, étends le bras, prends l'oiseau, le glisse sous l'édredon, la vieille femme pousse la porte du pied, avance, dépose le plat sur la toile cirée, saisit le chat, le serre agité contre sa poitrine, sort, le moineau prend ses aises sur ma poitrine dans l'échancrure de la veste du pyjama.

De très bas dans l'escalier, quelques notes de piano dans lesquelles je reconnais une musique du temps où je vivais ; le moineau m'est remonté sur le visage, becquette mes lèvres, les restes de café sucré.

La matelote est, en partie, dévorée avant le coup d'une heure, les tronçons d'anguille nous descendent dans l'œsophage, le jus de vin nous chauffe les joues, le moineau titube entre les assiettes, le dos du chat noir se courbe se hérisse à la porte entrouverte ; debout au bord du lit, la petite, poitrine dénudée, essaie des soutiens-gorge, blancs, rouges, noirs, le frère, face irradiante, me pousse le coude du sien ; un crucifix brille au-dessus du lit, un brin de buis fiché entre croix et corps supplicié.

À l'aube, quand elle revient du trottoir, neige sur fourrure, maquillage barbouillé, chair fleurant la semence gaspillée, le frère descend du lit, se reglisse contre moi sous l'édredon ; lavée, elle éteint, se couche, s'endort à ronflements sifflés, plaintifs.

Deux jours, rhabillé, j'écris leurs deux vies croisées sur un petit cahier neuf, je leur relis les phrases où j'ai accommodé leurs paroles, retours, exclamations, ils veulent des adjectifs, je n'en veux pas : rien que des faits, les plus petits. Quelques adjectifs sont consentis. Je leur écris, aussi, pour chacun, sur un petit carnet, leurs pensées, distinctes, elle sourit de celles, de grand large, obéissance, loyauté, de son frère, lui s'effarouche de celles de sa sœur, désillusionnées, crues.

Les restes de la matelote nous nourrissent, garnis de pâtes ou de riz.

Un midi, textes achevés la veille, elle lavée pieds en baquet, maquillée, parfumée, nous montons à pied à Pigalle ; elle, son sac rempli de fanfreluches, veut se faire embaucher au strip-tease des « Pierrots » : nous la lais-sons, en fourrure blanche, talons hauts en neige rousse, à la porte noire de la boîte ; le frère me prend l'épaule, tout son corps saccade, tout autant du vent froid qui reflue vers Montmartre que des secousses que celui de sa demi-sœur subit en pénombre capitonnée. Réouvrir mon cœur, fermé à dessein, à leur malheur, risquer de m'y remettre en vie ?

Laisser faire l'être, seul ; sous la pression il me conduira à ce qu'il veut : son extinction ; hors tous les autres, vivants ou morts.

Plus ce qui me reste de cœur faiblit à leur détresse, à celle de ceux que nous voyons, aux renfoncements, arran-ger leurs abris de carton dans la neige, plus ma déter-mination se renforce de fuir, d'échapper à leur franche tendresse ; l'être l'exige.

Secouer cette rude paume à mon épaule, sauter sur la première impériale : l'autobus roule sous la neige dans la sombre rue de Clichy, la descend jusqu'à la Trinité. Je reviens, à pied, par la rive gauche, à mon hôtel, m'y couche, chauffe, sue ma fièvre jusqu'au matin.

L'hôtelière, quand je passe devant sa loge, me reproche de ne pas l'avoir avertie de mon absence – mes amis, ma bande, passent tous les jours –, me donne du courrier, une lettre de mon père dont l'adresse est écrite par l'une de mes sœurs : son écriture, rapide, urgente, fulgurante n'étant déchiffrable que si je l'imagine pensant cette lettre et en traçant les signes de sa colère, il me faut l'emporter pour la lire, dans une église ancienne et devant l'autel et son tabernacle allumé.

Je vais l'ouvrir et la regarder dans Saint-Julien-le-Pauvre où ma mère à Paris venait prier devant l'iconostase, une image, quoiqu'ici sous autorité papale, de cette Russie dont, née Française en Pologne près de Cracovie, elle est proche et, jeune fille puis mariée en France, le restera ; mais assis hors des regards des officiants vêtus d'or qui se retirent, repoussant sa mémoire, celle du Julien de Flaubert, j'ouvre l'enveloppe, déplie la lettre, assure mon regard sur la vision du Saint Sacrement rouge, touche la lettre, les caractères frais tracés devraient aux doigts me donner leur sens. La petite lumière rouge vacille, faiblit, les lumières des piliers s'éteignent : une panne, l'excès de neige ?

Je sors, traverse la Seine, la lettre en poche intérieure contre ma poitrine ; je marche vers le nord, par l'est – Père-Lachaise, Buttes-Chaumont –, passe le pont tournant de Crimée, les canaux gelés, entre, chemin de l'Échange, entre Aubervilliers et Saint-Denis, dans un café au plafond bas, jaune noirci de fumées de charbon ; une musique « arabe » y est jouée dans la pénombre, petite flûte, derbouka, viole rustique, une fille en sort et y rentre, reins étincelant aux secousses de sa danse, des bijoux tintent sur sa poitrine qui se dénude à chaque tour : des billets, des petites liasses volettent autour ; turbans défraîchis, or, blanc, oripeaux de l'ennemi d'alors ; du dehors, sons de trompe, de bris de glaces, de vent. Je m'assois à une table où des enfants tombent leurs têtes endormies.

Y serai-je saisi, enlevé, jeté égorgé en rue ou au canal, l'être s'échappant par l'entaille ? Que je puisse vivre jusqu'à mon incorporation obligatoire à l'automne – et mourir là-bas de la main de leurs frères –, que l'« être » puisse encore tenir un hiver un printemps un été, m'abat le front sur le formica. On m'y apporte un bol de café noir brûlant que l'on refuse que je paie. La fille a vu le blazer sous mon blouson, elle approche, de quelques mots d'arabe que j'ai appris auprès d'une couturière de Stains l'été dernier, je réponds aux siens que je ne comprends pas ; je vois au-dessus de sa lèvre supérieure très relevée l'ombre de ce très léger duvet qui me touche aux jeunes filles et femmes ; les éclats de sa voix fine, d'un rauque léger, font battre l'artère à son cou sous la peau tendre, parfumée ; tous ici sentent, doux, bon, humains, instruments, les enfants, joues à la table, balbutient du cauchemar : là-bas, en Algérie, on traque, on tue ; d'autres vont s'y mettre. La nuit vient à la porte vitrée du café, battue par la neige.

Des ombres s'y pressent, des bruits de bottes ; la porte est ouverte, forcée : des policiers, décasqués mais matraque au poing, font irruption ; je vois une feuille ronéotée passer de main en main jusqu'à la danseuse qui la fourre dans son corsage miroitant ; nous sommes poussés, alignés contre les deux murs, les enfants gardés à la table par un policier qui les y maintient de ses deux poings gantés aux épaules ; chaque homme est fouillé, palpé, turban dénoué ; à moi qui garde mes mains levées, un policier, dont le casque heurte ma taille, demande si je suis des leurs, il m'échappe de répondre que je n'en suis pas digne... aussitôt, pendant qu'il me marmonne qu'il ne comprend pas pourquoi et qu'en moi-même je sais que ce n'est que de mon vol que je me rends indigne de partager leur juste cause, me revient au cœur, mes intestins réchauffés par le café offert, le reniement du Christ par son apôtre de fond, Pierre mon patron ; la danseuse a pris les deux enfants sur ses genoux, sa poitrine bat : un coin de la feuille ronéotée sortira-t-il du corsage dont ses réponses à l'interrogatoire bougent le liseré rouge ? Le policier me reprend l'épaule, me pousse vers la porte, l'ouvre, me pousse doucement, dehors. La vitre, embuée par le souffle des interrogatoires, s'allume d'éclats de bousculade. Au bout de la ruelle pavée entre des taudis bas qui résonnent de criailleries d'enfants, l'eau noire du canal fendue par une longue péniche de sable blond éclairé par des lumignons, dont les flancs charrient les glaces qui regèlent.

Me dissimulant derrière une palissade de chantier, j'attends que la porte se rouvre : un grand chat crotté, jaune, s'étire le long de mes jambes, miaule, des hommes sortent, mains croisées au-dessus de la tête, poussés vers un fourgon bleu arrêté, phares en veilleuse, en haut de la pente pavée verglacée ; ils y marchent, sans turban, trébuchent ; le long de leur file et derrière, les policiers, recasqués, matraques levées. Les hommes chargés, le fourgon démarre, patine, monte la pente, disparaît dans sa fumée ; retourner au café dont la vitre s'est éteinte ? Le feuillet est-il resté entre les seins de la danseuse ? Les enfants sont-ils couchés ? Du bas des taudis sortent des corps lanterne au flanc ; le chat souffle, crache entre mes chevilles : un rat ? Quel oiseau dans ce noir où une chouette n'oserait s'élancer ? Un grincement de viole, une lumière qui s'allume à l'étage, la danseuse serait-elle un garçon rembourré de seins, maquillé ? Ne l'ai-je pas vu dans le groupe mains au crâne piétinant dans la neige entre les policiers ?

Je rentre dans Paris à pied, m'endors vite ; au milieu de la nuit, je me lève, vais à la table sous le comble brisé, ouvre le manuscrit qui s'empoussière : un pigeon remue sur la vitre – le faire entrer ?

Je redéplie la lettre, cache la fin sous ma paume, constate qu'il y a plus de points d'interrogation que de points d'exclamation, que quelques mots y sont barrés dont je diffère le déchiffrage – trop violents ou trop émus ? –, me recouche.

Le lendemain, la neige, dans le chéneau, fondant autour du pigeon mort pattes en l'air, je respire l'air ensoleillé, loin vers le nord, de l'autre côté du fleuve, le Marais et ses fumées – alambics, petites fabriques surmontées de cheminées incertaines, chauffage au charbon ; au palier du dessous, la cuvette avec marchepied du chiotte à la turque dégèle ; ayant mangé pain huile sel, je descends vers la Seine et ses cornes de brume et ses glaces brisées ; de qui, de quoi tené-je une conscience si dure, plus dure que le péché originel ? Marchant le long du fleuve jusqu'à Sèvres, je la sens qui me point dans ma poitrine, secouée comme une concrétion fossile. Traversant vers le bas de Meudon, pour sortir des lieux riches que je crains, j'avance entre ses deux collines, je flaire une odeur de pré et de bouse : une fillette blonde fait sonner sa biche de lait vide au poing, devant la petite entrée boueuse d'une ferme basse où j'entends des meuglements ; elle me regarde la regarder ; dans le tramway, les secousses me troublent m'effacent son regard doré où je voulais m'assurer de sa confiance de petite fille réfléchie.

Un soir, j'entre, dans une salle peu chauffée, revoir Le Carrosse d'or de Jean Renoir ; la lettre de mon père est dans la poche intérieure de mon blazer : dans l'attente du film et les mouvements des autres vers la vendeuse de caramels qui passe, corbeille aux seins, entourée de spectateurs en manteaux, mines bienveillantes, je sors la lettre du chaud de ma poitrine et, ôtant mes lunettes, lis, sourcils contre le papier, la fin, la signature, non pas « ton père » mais « Papa » ; la neige fond sous mes semelles, non pas du peu de chaleur de l'air mais comme de celle qui me descend du cœur ; plus le film avance plus le cœur me serre de ces vies chaudes, présumé réel et présumé théâtre confondus, de ces communautés solidaires, de ces dons, de ces retraits, de tous ces corps bariolés qui se cherchent, se reflètent, se désirent ; toute l'humanité, active ici, fausse, vraie, dont je suis exclu, les couleurs renforçant leur vitalité qui me déchire ; ce carrosse d'or, lourd et vain, l'angoisse me saisit de son vide comme le mien dans l'enveloppe terrestre ; je sors, avec les autres, rentrant mes larmes dans mes paupières.

Dans la nuit, d'un rêve où mes familiers se doublent sur scène, y trébuchent en riant de leurs mines au réel, je m'éveille : et si je commençais à voir au-dessus du vol, de la scène de l'interrogatoire, ou, déjà, dans l'entrebâillement de la porte du salon où je suis supplicié ? Et si, m'introduisant dans une troupe itinérante, je finissais, en jouant le malheur, la séparation, la folie, par les conjurer ; et par le jeu, commencer à dominer la scène du vol, revenir à mon entrain d'alors à mettre en scène l'éparpillement de mes familiers pour l'accomplir en paix, puis, le vol découvert, me raidir pour rire, faire rire, de mon refus d'avouer ? Mais ma conscience se refuse à placer, bouger mon père, dans ce jeu, cette partie de rire. Je me rendors.

Le lendemain, la marche rapide aidant, vers le sud et que j'y croise nombre de pères de toutes conditions avec lesquels, autour desquels, enfants, adolescents jouent, mimant leurs ordres, leurs expressions intimes en jeux d'expressions, me fait me rapprocher de lui, jusqu'à sentir l'odeur de tabac et d'éther de sa veste, la ressentir me frôler ; c'est dans le secret le plus profond, hors de présences trop rapprochées qui pourraient voir dans mon esprit, et l'œil fixé sur du presque rien, une coulée d'huile sur le béton, que j'ose l'imaginer en marionnette mue par plus grand que nous tous, qui nous a enlevé notre mère, sa fiancée, sa femme, la mère de ses six enfants, son âme, notre âme ; pantin contraint de me mettre en accusation quand je suis issu de sa semence ; d'une brève vision à l'angle de trois rues, de moi enfant somnambule, de lui sortant une nuit d'hiver, pieds nus sur le carreau rouge de notre entrée, de la chambre conjugale, en chemise de nuit blanche, pour remuer le charbon incandescent dans la chaudière, me remonte aux narines un remugle de sperme ; notre mère est-elle endormie ? rendormie ? éveillée ? réveillée ? mais ma conscience rejette semence et mime, origine organique et sagesse commune : elle est, en moi, par mes petits actes de peinture puis de poésie, la morale renforcée par la beauté ; et l'Évangile renforcé par l'Ancien Testament ; le pardonnement du Christ ne comprend pas l'humanité comme figures de scène, facilement absolvables, irresponsables, ni la vie comme scène démontable.

Mais mon vol est au-dessus de ces deux instances : Dieu même, le Créateur, ne peut me délier de ce vol, retendre la corde de ma vie, et j'éprouve alors cette solitude dont je charge, enfant, les objets, les petits animaux d'apparence hostile, le crabe avant que je ne voie ses yeux bouger ; aurait-Il oublié de me créer ? Et suis-je humain ? Rien que de l'espèce ; et je ne souffre que de l'importance faite, en religion et en contre-religion, du cas humain.

Mais comment sortir, vivant, du cas humain, de l'être dit humain rester en vie ?

La prolifération de tout ce qui touche mon pied, mon regard, mon ouïe, mon odorat et à quoi je dois fixer un état, bref ou millénaire et plus, précipite mon allure et le battement de mon cœur ; je suis hors de Paris ; dans le parc de Sceaux, avant la tombée de la nuit, devant la rocaille du Petit Château, une image, touchable, de la confusion des règnes, de l'abstraction par laquelle il faut que je passe pour que l'être reprenne sa place en moi.

Quelques jours après, mon frère de huit ans mon aîné, retour d'Algérie où le service militaire l'a retenu trente-deux mois, vient me voir : pour la première fois depuis près de deux mois, je peux embrasser et me laisser embrasser. Qu'il en sache si peu sur le drame nocturne du vol m'apprend que l'acte est en passe d'être oublié des protagonistes de ce que j'ai vécu comme un drame ; et tout en me montrant qu'il en mesure les effets sur moi – mes traits creusés, des tremblements, un appétit violent où il revoit le sien naguère, pour avoir, sous l'Occupation, dans son collège replié, sous bombardement, en plaine du Forez, eu froid et faim sous sa pèlerine d'enfant –, il m'apaise, sa main sur la mienne qui tranche et sauce – mais ma gorge refuse encore –, et, de son expérience de premier enfant sur quoi les parents se font les dents, témoin conscient de leur angoisse de la guerre imminente, de leur douleur à la défaite, puis de leur tension à l'entrée en clandestinité de certains de leurs sœurs et frères, à leur arrestation, à leur déportation, des privations alimentaires, médicamenteuses, de transport, dont mon père s'inquiète pour ses patients, et de la distance prise par lui en Algérie, quant à cette dramatisation familiale qu'il rejette, il désapprouve ce simulacre de jugement qui m'a mis dans l'état où il me voit et moque tendrement que j'aie pu y croire ; je sens passer le frisson du sang dans mes veines : résister à l'alanguissement de la lignée, je viens de nulle part que de moi-même qui commence et l'être qui pèse en moi sur la Terre est brisé.

Au Louvre, devant Le Transport du Christ vers le tombeau, du Titien – dont lui et moi feuilletions, plus jeunes, notre mère vivant encore, une monographie rapportée par lui d'un séjour, à Hambourg en reconstruction, dans une famille résistante à Hitler : mais que des Allemands puissent, après avoir criminalisé le monde, souillé l'humanité, continuer de produire du beau, de la critique du beau, nous trouble –, en larmes brèves sur son épaule, je cède, seulement pour continuer de vivre, je suis ce corps qu'on porte vers sa tombe – mais pour qu'il en ressuscite, plus grand encore, face lavée de toutes les illusions.

Abattre mon je, vivre sans. Sans retenue, les seuls sens, animal. Exister sans être.

Prisons

Mon poing se crispe sur la rampe de l'escalier descendant des dortoirs, pour m'y assurer que j'existe bien ; j'ai décidé de crier à tous mes camarades de se réveiller de ce mauvais rêve, que notre incorporation, nos exercices – des heures durant, décomposer le présentez-armes en plusieurs mouvements, défiler, parfaire le garde-à-vous, le salut (dans la danse, ces rigueurs produisent du spectacle, de la beauté), commencer le maniement des armes, viser des silhouettes, tâter, agenouillé, du bazooka qui vous renverse en arrière, lancer la grenade, l'offensive, la défensive plus dangereuse, parcours du combattant, close-combat, avant ceux du Génie : pose et détection des mines, construction de ponts... –, notre soumission, l'ignorance où l'on nous tient de tout ce qui est et qui vient, c'est un cauchemar dont, sortant de l'enchantement de la sottise, il faut se réveiller et rire ; je le fais, exhorte, désigne par leurs noms, et du doigt, et devant eux, ceux qui, depuis sept jours déjà, nous soumettent ; crie qu'il nous faut tout retourner en farce ; j'en appelle à quelques-uns de mes camarades dont je sais qu'ils partagent ma révolte, mais je suis déjà ceinturé, plaqué contre la rampe puis, me débattant, contre les marches de pierre ; je fais semblant de me détendre, de me ramollir, de me rendre, la saisie se relâche ; d'un coup de reins je me redresse, bouscule, descends le reste des marches, me jette sur la porte du bureau de compagnie, précipitamment verrouillée, la défonce, fais irruption dans la double pièce où le poêle gronde, balaie des deux mains les dossiers sur les tables, en sors et fais glisser des étagères, d'un bout de bois de chauffage tape sur les objets, encriers, matériels, décroche des portemanteaux les vestes d'uniforme, en déchire aux mains et aux dents les galons et décorations, commence de frapper les vitres des fenêtres, le poêle, à en entrouvrir les orifices de chargement. Les camarades secrétaires se gardent avec leurs bras, mais je ne frapperais pas ceux qui pourraient me suivre dans ma mise en farce ; le poêle bousculé, le parquet jonché de débris dans l'encre violette répandue, je m'élance vers le bureau du capitaine, à mains nues, vers lui qui se lève derrière deux gradés qui me font empoigner par des soldats plus anciens que nous – appelés complaisants ou bougres d'active ? –, à nouveau ceinturer ; évacué, moi les mordant aux bras, aux mains, à la face, lançant mes pieds dans leurs jambes, vers l'infirmerie, par les cours où je tente encore de leur échapper ; j'entends crier, applaudir, des camarades, depuis notre bâtiment jusqu'à celui de l'infirmerie, depuis les fenêtres des étages, des rez-de-chaussée, depuis les terrains d'exercices.

Mais, sitôt la porte refermée sur une pénombre au goût d'éther, plus rien que le hurlement d'un gradé, petit, rond, bien nourri, parfumé, que tous, infirmiers, patients valides, entourent, empressés.

Je suis, sa grosse main molle s'essayant à me faire plier la nuque, poussé sur un brancard haut, immobilisé sur la toile tendue, des sangles sont bouclées autour de mes chevilles, de mes genoux, de mon ventre, de mes avant-bras, de mon cou ; le gradé dont j'ai le temps de voir les galons aux épaules, adjudant-chef, or traversé d'un liseré rouge, se défait son ceinturon de la taille, le brandit, ramassé en fouet, et me frappe sur tout le corps, le cuir – ou la boucle ? – m'emporte la lèvre supérieure, ai-je encore mes lunettes ou, de crainte que l'Armée ne soit contrainte d'en payer le prix, me sont-elles enlevées sous les coups ?

Est-ce d'un coup aux yeux ou de ma vision à cru, je ne vois plus que du noir : la bande de cuir, seule, sous une faible lueur circulaire au plafond, autour de moi que les coups ne font pas crier. Le gradé se retire, ses adjoints, de leurs ceinturons, me refrappent, ma paupière saigne ; le sang coule de ma lèvre fendue, je veux le boire mais, tirant ma langue, je m'étrangle dans la sangle : on me la desserre.

Jusqu'au soir et le gradé et ses aides revenant du mess avec des restes qu'ils mangent à une table, près du brancard sur lequel je reste en alerte ; leurs mâchoires bruyantes exprès, ils se relaient pour, se mettant debout, examiner mes tremblements qui s'apaisent, et l'un d'eux, le plus violent à me frapper, me prendre le pouls ; je garde mes mâchoires fermées, à me rompre les dents ; mais, dans les coups, des sangles se sont desserrées, et, l'adjudant-chef s'étant approché, mangeant un reste de poulet, je me redresse, lui crache au visage, avec du sang de ma bouche et, comme il abaisse sa tête vers moi, je lui saisis une épaule, le rejette en arrière, le renverse sur ses adjoints accourus. Silence, manipulations dans le fond de la pénombre ; sangles rajustées, je sens qu'on me prend le bras, un doigt me cherche une veine au poignet, une seringue s'y enfonce, je m'y détends tout entier ; ma tête roule sur le côté, l'écume sèche autour de mes lèvres, je veux reprendre le combat inutile, mais aucun nerf, aucun muscle ne répond plus ; qu'est-ce qui de moi, de ma forme, leur fait craindre que je résiste à nouveau pour que l'un d'eux fasse reclaquer son ceinturon ? J'essaie de soulever ma poitrine puis mes reins puis de me soulever sur mes coudes, en vain, aurais-je donc été piqué à mort ? La sueur emplit mes yeux, ma paupière blessée a enflé, je ne ressens plus mes chevilles, vais-je donc finir sur ce brancard, entre ces murs fermés, les adjoints arrangeant mes doigts, les sangles, pour que j'apparaisse comme m'étant étranglé moi-même ? Et si je ne ressens plus mes bras ni mes mains ni mes doigts, c'est qu'ils ont tué, qu'ils m'ont tué : que, leur besogne faite, ils disparaissent, comme les tueurs de Macbeth, dont j'ai pris le nom, Donalbain, de l'un des enfants de Duncan, le roi assassiné, comme pseudonyme pour le texte dont j'ai reçu le contrat d'édition hier, mon père refusant que je le signe de son patronyme ; puis-je même, encore mineur pour deux ans, signer ce double feuillet de contrat que je garde dans mon casier de chambrée ?

Des sangles se retirent de mes membres, je les ressens glisser de mes bras, de mes jambes, avec leurs boucles, ainsi que des serpents d'un corps antique, d'une allégorie ; une lumière circule dans la pénombre.

Le faisceau approche, balaie ma face, je me sens pris aux bras, aux reins, aux jambes, soulevé, transporté vers un couloir éclairé puis vers le dehors, nocturne – est-ce le soir ? est-ce le matin d'un jour suivant ? Mes porteurs traversent une cour, puis deux, mes lunettes – verres cassés ? fendus ? – sont dans une poche de mon blouson de tenue d'exercice. Devant nous, le grand porche d'entrée du casernement au-dessus duquel je vois, de ma vue vague, en surimpression et en envers des chiffres et lettres du régiment, la devise d'un camp nazi ou l'injonction à l'entrée du chant trois de l'Enfer du Dante. Et pourtant, tout appel dans le froid en pension, toute attente à guichet ou autre, je les supporte, depuis l'enfance, en les rapportant à ceux que subissaient les déportés dans les camps. Le transport stationne devant un bâtiment bas relié au pavillon de l'entrée ; bruits de lourdes clefs, de verrous, de targette ; on me rentre dans l'obscurité, me roule sur un lit de sangle ; l'obscurité sent l'eau d'hiver, la pierre suintante, la couverture mouillée et l'excrément humain ; la porte est refermée, verrouillée ; une forme bouge vers le fond ; je tire de ma poche mes lunettes, le bref mouvement me fait souffrir tout le corps, du crâne aux orteils, mon cœur en bat plus fort : j'existe, terrestre, je n'ai pas passé le porche, vers l'au-delà où je me sentais tiré pour y être jeté.

Le clairon sonne le réveil, son stupide motif. Nous sommes donc à l'avant-matin. La forme, en rebougeant, dégage une odeur fraîche de défécation ; attendre le matin, une lumière – filtrant d'où ? –, pour voir le corps de l'odeur. Comment, perclus jusqu'à la plus fine articulation, vais-je pouvoir rouler hors de la paillasse qui grouille sous moi, sous le tissu humide – souillé ? – de mes vêtements lacérés par les coups ?

Je m'endors ; au réveil, lueur sous la porte ; au fond, la forme se retourne sur une paillasse d'un lit de sangle, un bruit de mâchoires, un gémissement ; la porte, déverrouillée, s'ouvre sur un soldat portant une petite marmite de café chaud, fumant ; la lumière me montre le corps de la forme, couché, poing entre les mâchoires ensanglantées, treillis souillé sous la taille ; sous le lit, un tas d'étrons a été poussé du fond du cachot ; le soldat dépose la marmite, me soutient essayant de me tenir assis sur la paillasse ;

du dehors embrumé, une voix grosse, molle, crie un mot impossible à identifier ; le soldat retire sa main, son bras de dessous mon dos, retourne à la marmite, y plonge la louche, remplit deux quarts cabossés, les pose sur la terre battue noire, sort, laisse ouverte la porte, grossière, mangée des vers au bas ; je vois sur les étrons noirs bouger des vers blancs, de ceux que, depuis deux semaines, j'asperge d'eau crésylée sur les parois des chiottes débordant, le lundi matin, des vomissures des permissionnaires : nettoyer les chiottes délivre des exercices de soumission, isole des cris, des ordres répétés : retrait dans les déjections comme retrait dans la Nature.

Mon regard, sous la paupière blessée, remonte plus haut : des mâchoires toquent le fer-blanc du quart, des yeux clairs derrière la fumée ; tout le corps tremble, les épaules demi-découvertes, les dents, très blanches au-devant, acérées aux commissures, quittent le quart, des lèvres charnues, au dessin visible sous le sang qui sèche, des rides qui roulent sur le front court lumineux sous des boucles courtes au noir ensanglanté ; le nez, cassé.

Serait-ce ce camarade, invisible, d'ascendance italienne par son père, gitane par sa mère, apprenti monteur en charpente métallique, boxeur presque professionnel, dont les tentatives de suicide courent les chambrées ?

Attiré par le chaud ou par l'ouverture sur le dehors, un rat saute hors de la pénombre d'au-delà des étrons, file entre les rangers du soldat qui revient avec sa marmite ; le camarade, depuis le fond d'où il retend son quart, siffle un motif, doux, entre ses dents, ses lèvres rougies, la pointe de sa langue apparaissant entre ses dents de devant pour un chuintement qui fait s'immobiliser le rat et se retourner sur la dalle verglacée.

Le soldat reparti vers le pavillon d'entrée, la porte refermée, le rat reglissant dans un trou de l'angle sous le bat-flanc, le camarade, dont un poignet est bandé, l'autre ensanglanté, m'explique qu'il tient son charme sur le rat de son enfance en taudis au-dessus de la Gervonde à Vienne d'où remontaient rates et rats et ratons les nuits d'orage entre les lattes de leur parquet au-dessus duquel balançait le berceau du dernier-né ; sa mère fredonnait alors un motif qu'elle tenait de la sienne éloignant les rats du couffin versant dans la boue avec le bébé, aux coulées de l'orage dans le campement du bord des villes d'Europe orientale. Je regarde son poignet nu, les chairs lacérées, mordues de ses propres dents le long des veines ; on dit qu'échappant à l'adjudant-chef et à ses séides, traîtres à leur état d'appelés, il a grimpé le long du chéneau sur le toit d'un baraquement pour s'y retailler les veines à la lame de rasoir. Pour les autorités du régiment, une « plaie », cet engagé « volontaire » en échange d'une remise de sa peine de prison pour tentative de vol à main armée ; pour nous, pour moi qui me réveille d'un combat, un supplicié qui se défait, se redéfait de ses liens, des instruments du supplice, à chaque fois, balafré d'une plaie inachevée ; un rayon de soleil filtré par la vitre sale, cassée, d'un fenestron à hauteur du plafond suintant m'éclaire son visage irradiant, ses oreilles blessées, son raclement de voix où je devine, par les sons qui lui viennent, comme au travers de dents brisées, de dedans ses intestins infectés et le gonflement-dégonflement de ses joues, qu'il a décidé de mourir, pris

83

de toutes parts, origine, justice, engagement, que seuls la boxe et le travail en hauteur le délivrent pour un temps de la mort qui l'enveloppe de son halo noir.

Un reste de foyer fume dans l'angle le plus retiré de la bâtisse surnommée « Marengo », le rayon, déclinant – déjà, avant midi ? –, éclaire des graffitis sur le mur où sont scellés nos bat-flanc : cœurs, couilles, cons, bites, flèches fichées en orifices pileux, quelques « mort aux croques », « mort à l'Armée », femme travaillée de face par un chien, têtes effacées ; je le vois regarder et abaisser ses paupières, le haut de ses joues sous l'œil un peu bridé rougir sous les croûtes ; le moindre de ses mouvements, un sourire même, déclenche une odeur d'excrément, mais douce, attendrissante, de bébé en langes : à chaque fois il se retourne comme si l'odeur, qu'il sait qu'il dégage, venait d'un autre ; à chacun de nos mouvements, le rat court sous les bat-flanc ; ce plafond en voûte est-il le seul de la bâtisse ? Se relever du bat-flanc, avancer, tâtonner, jusque sous une autre voûte, toucher d'autres inscriptions, gravées, du siècle dernier, communards, bagnards du 2 Décembre ?

Le soir, deux platées de fèves plus tard, à la pelle racler le tas d'étrons, le jeter à la fosse, laver au crésyl le dépôt, la traînée ; dans le poste de garde, le poêle ronfle que l'on me contraint, moi le possible incendiaire, de recharger, des épaulettes brillent leur or dans la fumée au passage des gradés bottés ; par la porte entrouverte du cachot je le vois, déceinturé, lacets ôtés de ses rangers, comme moi, trembler, debout, quart au poing, ses excréments de trois jours lui collant le treillis aux fesses, aux jambes, des pleurs dans ses yeux liquides ; l'eau de la marmite fume encore, on me jette une éponge, une brosse, je lui fais se dévêtir le bas, retirer chaussettes, rangers ; les pieds dans le crésyl qui mousse sur la terre battue, ses poings blessés serrés devant ses parties, une entaille rouge dans le ciel noir, le fracas des trains outre rue, le fleuve proche fracassant ses boues glacées, je ne ressens plus mes blessures ni mes contusions, la rage me reprend qu'au lieu de me contraindre à décomposer mes gestes en trois, me fourrer joue, épaule contre le fusil meurtrier on ne me mette pas plutôt à ceci qui me va, soigner, consoler, redonner courage ; je le prends à l'épaule, le rapproche de la marmite dans la courette recouverte d'une verrière fêlée, trempe l'éponge dans l'eau chaude, le frotte, lui savonne, le retournant, les fesses, les jarrets, les pieds, verse de l'eau sur tout son bas, sans toucher à son devant que je lui fais tremper et savonner et qu'avec quelle grâce il s'en nettoie chaque pli, chaque touffe ; l'aide-fourrier, qui est de ma région et qui, devant les coups que les adjoints continuent de me donner en me poussant ce matin vers le cachot, leur brandit ses poings, nous apporte un treillis troué, trop court mais propre, le treillis souillé est jeté aux ordures ; un linge me tombe de derrière sur l'épaule, j'en frotte tout le bas du camarade dont je sens les muscles se relâcher, le poids, léger, frais, vaciller d'arrière en avant, basculer sur moi ; le corps est réétendu sur le bat-flanc, face pâlie, plaie resaignant au poignet, un peu de sang apparaissant aux lèvres violacées ; on m'aide à lui enfiler le treillis au remugle d'essence et de cuir : de quel corps a-t-il pris les formes qui, sur l'autre bord de la Méditerranée, aura péri, pourri, émasculé ?

Après l'extinction des feux, je suis ramené à l'infirmerie ; l'adjudant-chef, reconnaissant ma ténacité, me fait manger à sa table : la rumeur court le casernement que je lui ai tenu tête ; un de ses adjoints, qui commence à le trahir, m'ayant confié que, tenant d'un diplôme marron de préparateur, il trafique avec des pharmaciens du cru des médicaments et matériels de prix dévolus au régiment, je ne m'étonne pas de l'entendre me proposer son amitié et m'assurer que désormais il me protégera ; que veut-il obtenir de moi ? que je lui devienne complice ? Mon vol de fin Décembre serait-il connu des services ? Qu'un voleur à l'accolade équivoque me range du côté des siens me remet en rage intérieure, mais en souci d'obtenir pour mon camarade de cachot une meilleure nourriture, des soins, et une hospitalisation – d'où il pourrait s'échapper et gagner la Suisse –, je lui fais mon meilleur sourire ; jusqu'au coucher, le petit sous-lieutenant de ma section, venu me prendre à l'infirmerie, et moi, nous marchons autour de la plus grande cour et y parlons de politique et d'art ; il m'apprend que, mon casier de chambrée ayant été vidé et inspecté, on y a trouvé une longue lettre de fille écrite en lettres bleues très rondes où il est question d'amour et de non-amour ; ainsi la hiérarchie juge-t-elle que ma crise est due à une rupture de flirt. Pour moi, la réception, le même jour, de cette lettre de cessation du désir, en elle, Sophie, pour moi, et de mon premier contrat d'édition me fait rire et trembler : l'amour m'est interdit pour que je crée.

L'hiver avançant, nos exercices du Génie, montage installation de pont sur le fleuve, se font entre les glaces ; un midi, entre le casse-croûte de 9 heures et le déjeuner sur la rive, nos barges dérivant dans le flot écumeux, ceux d'une autre compagnie peinant à assembler les poutres métalliques, je reconnais dans la manœuvre le camarade du cachot qui, debout, reins creusés, l'œil inquiet, la bouche barbouillée du même pâté rose que nous, un pied sur un montant, l'autre sur la barge, achève de verrouiller une pièce plus grosse que lui ; un amas de glaces se brisant sur la barge, le pied cède, le camarade tombe entre barge et poutre, sur une plaque où le soleil à son zénith illumine de rose l'épaisseur de glace ; il s'y retient avec ses coudes, je vois le blanc de son œil étinceler dans ce rose me voir, veut-il, sans cri, se laisser noyer ou, sauvé, envoyé en Algérie, s'y laisser tuer, engagé, en première ligne ? Ses camarades lui tendent une perche, une rame... il la prend, se hisse hors de l'eau glacée, se secoue de l'eau boueuse ; son poignet, qu'il tentait de déchiqueter avec ses dents au cachot, est bandé, comme l'autre...

... Au centre de la cour principale du casernement, entre les traces encore odorantes des tas de feuilles mortes ramassées aux poings, notre compagnie est au garde-à-vous ; sur ordre, quelques-uns d'entre nous sortent du rang : les dispensés soutiens de famille, les candidats à l'École des officiers de réserve, EOR, qui diffère l'envoi en Algérie – j'ai refusé cette filière à quoi me prédispose mon quotient intellectuel, autant par crainte de devoir m'y soumettre à des exercices gymnastiques et mathématiques hors de mon goût que par désir de me mettre à l'épreuve, et au plus bas de la hiérarchie, dans une guerre qui se complique alors de l'émergence de factions nouvelles, de mettre une mer entre un moi incertain et des restes de l'autorité paternelle et leur relais dans l'enfermement hiérarchique de la caserne métropolitaine.

Nous partirons demain. Le colonel, en grande tenue, galons, décorations prenant le soleil d'hiver, sort de sa poche de poitrine un feuillet, qu'il nous lit, d'une voix ferme : j'y entends que nous partons défendre la civilisation contre le communisme ; la feuille morte qui se plaque sur son ranger est plus forte que cette suite sur feuillet de mots prononcés très vite – ayant laissé notre esprit avec notre vêtement civil, nous n'avons plus, pour lui, à nous soucier de raisons.

Avant le « Vive la France », je distingue le mot « ambassadeurs » : nous nous regardons les uns les autres, droits mais dépenaillés, béret « tarte » du Génie alpin sur nos cheveux qui repoussent ; soumis, humiliés, du cri partout sur nous, notre langage raréfié, notre esprit nié, nous serions les ambassadeurs de la France et de la civilisation occidentale… Vite aux camions, au train et au bateau !

Chantiers

La fille, une demeurée, court sur les toits de terre séchée des mechtas ; des soldats, d'une compagnie proche ayant droit sur le douar, la poursuivent, torse nu, elle, épaules découvertes sous un foulard d'or et rouge ; je les vois au travers de mes verres obscurcis de poussière et d'éclats de ciment, entre les figuiers de Barbarie qui refleurissent sous les restes de neige ; nous charrions des pierres, d'une carrière en contrebas, sur des camions sur les marchepieds desquels nous descendons vers notre chantier, une route sinueuse depuis la plaine jusqu'à l'intérieur du massif des Ali Bou Nab ; nous y déchargeons les pierres, à mains nues ; fendues, taillées, nous en plaçons les morceaux réguliers sur le tracé ; une machine les égalise ; une fois la route empierrée, nous en bâtissons les bords, les radiers, les couloirs de buses, les petits ponts ; chacun signe dans le béton frais son nom, la date, l'ouvrage achevé de sa seule main : je trace le mien sur le bord d'un radier, que les sabots des ânes piétineront cet été.

Nous logeons sous de grandes tentes que nous avons montées, sitôt arrêtés sur le site, au bas, à distance du douar parcouru par des groupes d'autodéfense des paysans et commerçants armés ; deux, puis trois half-tracks en retrait du tracé nous protègent ; mitraillades de jour, de nuit – il faut alors sortir du sac à viande piqué du sang des punaises, de dessous la couvrante rêche, poussiéreuse, saisir nos armes au râtelier de la tente, reprendre casque léger casque lourd – nous travaillons, vivons en casque léger –, attendre aux abords, carabine USM1 au poing.

Trois mois de grand air, de nuit pure, un torse, des bras renforcés, une discipline acceptée, pas de cris – tous se taisent sur ce territoire tout entier surveillé. Le Printemps, les abeilles qui dansent dans les courants d'air reparfumé ; des lièvres, aux coups de feu, détalent au-dessus de nous ; ici et en métropole, au Caire, en Suisse, des indices de négociations ; une nuit que je sors de sous la tente pisser dehors vers les feuillées d'où s'échappent en jappant des chacals venus trier au museau de quoi manger dans nos excréments, j'entends, loin mais clair dans le rayonnement de la lune pleine qui éclaire cimes et fonds, du fracas au douar, un cri étranglé comme, naguère, dans les abords des fermes, au poulet ou au porc, dans le sang de l'égorgement ; une lueur saute entre les mechtas : en pleine lune, quand en nuit noire tout est possible ? Dieu créateur illuminant le crime de ses créatures ? Le cri n'est pas d'un homme fait, d'une voix faite qui aurait déjà décidé, ordonné, calculé, contracté, dit l'amour, le serment du combat, mais d'une voix fraîche, d'un cou tendre où la veine se confond avec la chair.

Troisième tiers d'Avril : la hiérarchie m'ayant muté en stage de radio sur un aéroport de Grande Kabylie d'où décollent et où atterrissent les petits T6 et les gros Sikorsky, j'apprends le morse. Ses signaux, bien compris, rappellent la logique des sons de la musique et de la poésie ; notre sergent instructeur, un universitaire déjà spécialisé dans l'occultisme, l'illuminisme, les rose-croix, le vampirisme, trouvant enfin à qui parler, me laisse m'exercer, progresser à ma guise.

Par notre petit transistor Sonolor dont je répare les connexions au fer à souder, nous entendons des informations sur fond de grondements de foules à Alger : des généraux y ont pris le pouvoir et prétendent l'étendre à la métropole ; sur la nationale qui, traversant la cuvette déjà très chaude de Tizi Ouzou à Azazga, longe le camp et les départementales qui rayonnent sur ses flancs, des mouvements inhabituels de jeeps, de command-cars, de GMC, nous mettent en alerte ; comme nous commençons à nous égailler hors des barbelés, la hiérarchie du camp nous rassemble tous dans l'un des grands hangars surchauffés où, dans le fond, des mécaniciens s'affairent autour de quelques-uns de ces engins qui répandent le napalm sur les forêts, mitraillent les douars abandonnés de force ;

sur une estrade près de l'ouverture, quelques galonnés s'agitent, courbettes, saluts, garde-à-vous, bérets, képis au poing, badine tapotant genou ; de plusieurs armes, aviation, infanterie, artillerie, parachutistes ; nous tous, simples soldats, caporaux, caporaux-chefs, sergents de réserve, debout, serrés les uns contre les autres en masse leur faisant face, tous issus de régiments du district, échangeons, comme des indices de notre délivrance prochaine ou d'une anarchie dont nous pourrions tirer profit, des informations, des rumeurs, des bribes des discours des généraux d'Alger, du Général de Paris ; dans la précipitation de nos échanges, des mots de notre langue civile nous reviennent, avec des rires, en gorge, qui nous seront nécessaires pour riposter aux arrogances des gradés qui, maintenant, réclament le silence ; pour le plus galonné d'entre eux il ne s'agit que d'une querelle de généraux (Challe victorieux, de Gaulle jaloux) : la troupe doit choisir de suivre ses chefs du terrain ; les plus anciens d'entre nous, sursitaires, sages ayant déjà voté, protestent, mains levées, nous levons les nôtres, appuyons de nos voix, pour certaines dégagées de peu de la mue, les leurs affirmant le Droit sur la Force, le Président élu contre les factieux sans mandat ; la nouvelle court dans nos rangs que le Général, chef constitutionnel des Armées, exige de nous, le contingent (illégalement forcé à la guerre), que nous cessions d'obéir à ceux qui cessent de lui obéir, d'obéir à la République ; sur le vif, cette notion Droit/Force, que nous avons tous ânonnée, sans y croire, en classe devant nos manuels ouverts sur une autre page ou sur une carte postale de pin-up, nous remplit le cœur comme le sang aux joues des adolescents ; et nous nous serrons aux coudes et presque nous y balançons dans le rythme de la découverte. Des soldats venus soutenir leurs gradés factieux quittent le hangar, l'estrade se vide, l'un d'entre nous y monte et s'y assoit, en tailleur, sa guitare, qu'il est sorti prendre dans son casier, au creux de ses cuisses, pince les cordes, que la chaleur a détendues ; dehors, à la sortie du camp, des camions chargés de parachutistes, des voix nous appellent à les suivre ; nos anciens organisent un service de veille ; les derniers gradés extérieurs quittent le camp dans leurs jeeps ; les nôtres, dont nos voix ont recouvert un instant les leurs, hésitantes, nous ramènent, du bout des lèvres, à nos activités et matériels : morse, codage, P3, P6, talkie-walkie, téléphone de campagne sur piles, génératrice « gégène » à manivelle à chevaucher, appareils de véhicules sur batteries, antenne.

Toute la nuit, nous nous relayons à l'entrée du camp, dans la crainte que les factieux, tant que les généraux d'Alger ne se sont pas enfuis ou rendus, ne reviennent nous encercler et nous contraindre à les suivre ; on parle d'officiers capturés par leurs hommes et tondus.

En fin de stage, au milieu d'un été brûlant, notre sergent instructeur pousse mes notes jusqu'à me faire obtenir mon brevet de chef de poste radio ; entre-temps j'ai reçu le colis d'exemplaires de mon premier petit livre publié que mon père m'a transmis déchiré, accompagné d'une nouvelle admonestation que je vais lire à l'écart, éclaboussé par les jets d'eau dont les camarades s'aspergent du petit matin jusqu'à minuit, où nous nous endormons avec peine sur les paillasses retrempées de nos châlits superposés.

Elle marche dans la neige, que porte-t-elle aux pieds, des chiffons noués ? Une longue capote kaki dissimule ses épaules et le haut de sa gorge découverts, une croupe élancée moulée dans une robe bleu et or ; un foulard de même teinte enserre sa chevelure brune : le teint ombré de sa face où tient, esquissé, un sourire de retrait, quand elle passe entre le mur de pierres sèches suintantes du poste et moi qui cherche le bon emplacement pour mon antenne, c'est celui, doucement soucieux, de ma mère, à dix-sept ans, après la mort de la sienne ; depuis le renfoncement du chemin de ronde enneigé où j'enfonce les piquets, je la vois secouer ses pieds enchiffonnés sur la dalle d'entrée du bureau de la section qui tient le poste, entrer dans la pièce où rougeoie le poêle, y prendre un balai de paille, d'un coup de reins balayer le petit espace de terre battue qui jouxte celui où j'ai installé mes appareils et leur génératrice.

Le poste est bâti sur une crête au bord du dernier ravin avant le massif du Djurdjura, face à son sommet, Lalla Khadidja, enneigé toute l'année ; entre les séances de transmissions, je rejoins les camarades qui dégagent à la pelle et au pic la route à découvert sitôt franchis les défilés sous protection du haut des falaises et convoi précédé et suivi de half-tracks ; mon père ayant tardé à signer les documents exigés par l'administration militaire, je n'ai pu venir en métropole assister à son remariage – pour lequel je lui ai envoyé mon accord, la nécessité de son apaisement terrestre prévalant, provisoirement, sur la pureté du lien céleste dont nous sommes issus ; repasse-t-il, ce jour, une autre bague au doigt de cette jeune femme, vive d'esprit et de cœur, choisie par mes sœurs ?

Depuis la table où j'envoie et reçois, maladroit, les messages requis, j'entends la voix du capitaine arrivé du fond du ravin, de son bataillon, s'élever dans le bureau voisin dont me sépare une cloison de contreplaqué : une voix, douce, obstinée, chantante, répond en kabyle mélangé de français d'armée ; la voix mâle durcit, gronde, éclate, le chant lui fait écho, s'insinue dans ses silences, enlace les mots lourds ; le balai refrotte la terre battue ; un camarade, que l'infirmier a dispensé de sortir, chevauche la génératrice, tourne la manivelle, je manipule, le haut-parleur face à moi me répercute les réponses, les injonctions des camarades du PC que j'imagine les manipulant entre les canettes de bière, les boîtes de pâté ouvertes et les « bouquins » pornographiques ; la porte de contreplaqué s'ouvre, le capitaine ne touche que le manche du balai, son autre main désigne la génératrice et le roulement de la manivelle ; la jeune femme recule, ses mots se précipitent, le vent, au-dehors, fouette, soulève la neige dans l'obscurité qui remonte du ravin.

Dormant sur un lit picot près de ma table, les matériels crépitant jusqu'à minuit, je me lève, entre dans le bureau vide où la lune rayonne : sur la table, un exemplaire de L'Iliade, le même que le mien naguère, une traduction de Leconte de Lisle, de chez Alphonse Lemerre, libraire éditeur, passage Choiseul, de la poésie parnassienne puis symboliste tant feuilletée jeune adolescent dans la bibliothèque du collège ; le capitaine, jeune homme dont l'uniforme strict comprime un corps rebelle, l'a-t-il oublié ou laissé pour que je le trouve et, avec le livre, une part de son secret dont ses yeux clairs nous éblouissent pour nous le cacher ?

Je n'y touche pas mais tout m'en revient, d'Astyanax, Andromaque, Hector, Patrocle, Achille, Hécube,
Cassandre, du fumier et du sang dans les narines des
Achéens ayant égorgé brebis, bœufs, du sommeil du
furieux fils de Pélée sous sa tente et de celui de Priam,
dehors, au milieu des trésors qui paieront la dépouille
d'Hector à la face arrangée pour son père dont les Grecs
ont déjà vendu dix-sept des fils.

Où dort la jeune femme ? dans la mechta de son père ?
dans un appentis à la chambre du capitaine au fond du
ravin où la neige redurcit ? Le lendemain matin, son parfum, musc, précède son entrée dans la pièce où regronde
le poêle ; le capitaine y entre, regarde le petit volume où
la jeune femme porte sa main frottée de henné ; je me
remets aux messages : état du désenneigement, risques
d'embuscade, acheminement de provisions, promo-
tions ; par la cloison j'entends le dialogue reprendre,
menaces lasses, protestations douces, interrompu par le
glissement du balai sur la terre battue, l'époussetage des
étagères, puis, depuis un appentis, le remuement de cas-
seroles, d'assiettes ; j'entends que des gradés subalternes
remplissent maintenant l'espace enfumé du bureau des
froissements de leur tenue de combat ; qu'un frère de la
jeune femme est au maquis, soupçonné de tenir un douar
avec une petite bande et de l'égorgement d'un épicier
de T... réfractaire à l'impôt révolutionnaire ; on l'aurait
vue portant sur sa tête une cruche et un ballot sur son dos
vers une gorge du massif ; debout sur la dalle que je vois
par un fenestron, dehors, elle le nie de ses deux mains
ouvertes, met un doigt sur son cou pour en suggérer la

fragilité ; le capitaine fait avancer sa jeep, y fait monter la jeune femme.

Ils reviennent du fond de la vallée vers l'intérieur avant la nuit, je le vois l'aidant à descendre, lui refermant le haut de la capote sur le cou ; sur une chaise du bureau je la vois relâcher ses bras, ses reins, son cou, mais, bras sur ses genoux, relever son regard vers lui debout remuant des papiers sur la table ; d'où l'a-t-il ramenée vers le haut où le couchant rougeoie sur la neige ? de ces lieux, dans la plaine maintenant sous nuit noire, que l'on dit voués à la torture des suspects et de ceux suspectés de leur être complices ? De quels tourments, menaces, tirées de membres, chocs électriques, tient-elle sa posture courbée, ses lèvres sèches, ses mains jointes, rejointes qu'elle recouvre des revers des manches de la capote trouée ? Elle aussi, trois étés passés, la même ombre sur son front, ses joues, entre sapins et pins de notre jardin, retient tout son corps roué par le mal par ses bras aux accoudoirs de la chaise longue, couvre recouvre ses poignets des revers des manches du manteau qui la réchauffe, sous canicule où se taisent les oiseaux au-dessus, le roitelet que l'on ne voit jamais comme le phénix qui se réengendre lui-même. Est-il descendu, lui le combattant de l'Occident, la livrer au bras séculier des Divisions Opérationnelles de Protection ? Tard dans la nuit, elle couchée – dans une famille du douar ? –, il entre me donner des messages à envoyer le lendemain, commandes de matériels de déminage – signe de fin de guerre –, dans son autre main, le volume, fermé : sait-il ce que je pense, de quoi déjà l'on m'accuse ? A-t-il seulement voulu, la descendant aux DOP, donner le change à sa hiérarchie ? L'a-t-il amenée devant le bâtiment de ces questionneurs, lui faire sentir, de dessous les portes, portières, les remugles de sueur, d'électricité, de sang, d'excréments ?... Aurait-il décidé de quitter l'Armée, une fois cette guerre finie, son dû accompli ? Y serait-il entré, presque encore enfant ?... sous quelle obligation ? Sa main tremble : le frère de cette jeune veuve, serait-il cerné, par une autre compagnie, dans le chaos de roches glacées ?... Pourquoi me laisse-t-il le livre, pour la nuit ?... Penché sur moi lui transformant ses ordres en petits sons longs, courts, que je pourrais tout aussi bien transcrire en farce, il me prend ma plaquette de signes et suit du doigt et de l'oreille ce que je lui tape dans le restant d'énergie de la génératrice ; presque toutes les couleurs ont disparu sur ce piémont, cherche-t-il à les ranimer par celles de Troie et de ses abords ?... Serait-il l'Astyanax d'une Andromaque déjà morte dans les bras, sous le poids de quel Pyrrhus ? Sa main tremble : plus qu'il ne faut à un capitaine.

Le lendemain midi, une fourgonnette fait de la fumée entre les congères : des hommes, en djellabas déchirées, crottées, sautent du plateau, des soldats les poussent vers un bâtiment bas dont la neige recouvre le toit au niveau du sol ; un corps reste sur le plateau de tôle ondulée, les jambes, dont les pieds sont nus, pendant ensanglantées sur les plaques d'immatriculation de l'arrière ; les camarades, sortis de la chambrée, chandail au torse, civil pour certains, tricoté par leur mère, leur sœur ou leur marraine de guerre, pataugent dans la glace fondue, tendent le cou vers l'intérieur de la fourgonnette qui, glace au toit, revient de plus haut sur l'avant-massif : un bourdonnement de mouches se renforce au fond ; une pâleur sale y apparaît en pénombre, une face dont la tête est relevée sur le dos du siège du chauffeur : du sang coule encore aux commissures de la bouche sur le bas des joues non rasées ; derrière nous, la porte du bureau s'ouvre sur la prisonnière, tenue à une épaule par le capitaine au visage pâli ; un cri bref, un autre retenu, va-t-elle pâlir, perdre connaissance, tomber sur la dalle comme Andromaque voyant la dépouille d'Hector depuis sa galerie et y tombant d'un coup ?

Lequel d'entre nous court vers la chambrée, en sort, une paire de chaussettes kaki au poing, qu'un autre lui prend et enfile aux pieds glacés de la dépouille, où, avec le soleil, les mouches avancent du fond du véhicule, de la face vers les parties génitales ?

Ce nourrisson, que, le lendemain, elle porte contre ses seins et berce en tournant, debout sur la neige étincelante, dans les rayures du capuchon d'une kachabia, de quelle langue est son cri ? Quel renseignement tirer de son cri ?

Alger

Je lève le doigt ; une grosse voiture d'un vieux rouge ralentit, pile devant moi ; le train, derrière moi, s'ébranle dans la gare : des camarades s'y sont installés, que je retrouverai à Alger dans trois heures, sous réserve d'attentat ou d'embuscade ; j'ai sous mon blouson kaki un chandail civil vert, mes souliers sont ceux de sortie. Le chauffeur, un grand gros homme en béret court, m'ouvre la portière arrière : un vieil homme aux cheveux blancs

98

et fins un peu longs, depuis la gauche, me tend une main à deux bagues sur deux doigts, sur ses genoux, des feuillets ouverts dans un classeur ; je m'assois auprès de lui, la voiture démarre, prend de la vitesse, s'engage dans les premiers virages, les parfums fleuris sentent déjà fort, des plaques de neige brillent plus haut, le ciel, presque violet à force de bleu. La fourragère à mon épaule volette dans le courant d'air au grondement lointain des T6 vers la mer ; je dois rencontrer à Alger un homme courageux et doux dont l'éditeur, qui est aussi le mien, a arrangé depuis Paris qu'il veuille bien me recevoir. Et vivre au mieux, avec trois de mes camarades, une permission de trente-six heures.

Mais me voici aux côtés d'un vieil homme qui sort d'une pochette de cuir, suspendue devant lui au dossier du siège avant, deux gobelets d'étain et une flasque à l'odeur de cognac ; les tournants se faisant plus rudes, et sachant que j'y suis sensible, dans le plaisir de la permission et la joie du cessez-le-feu proche, je me laisse aller à boire ; au sortir des tournants, il faut s'arrêter au bord du petit oued pour que j'y vomisse ; je me cache derrière de grands roseaux, appuie mes paumes à un morceau de garde-boue tenant à un reste de capot sur châssis sortant du sable, vomis : non seulement occuper cette terre qui est à d'autres mais y ajouter mon vomissement... ; plus loin, une fille, accroupie à une planche de lavoir, brasse du linge rose, jaune, dans l'eau chargée de restes de boue déglacés ; sa croupe est ceinturée d'or ; qu'un coup de vent prenne sur ma vomissure et en porte le remugle vers ses narines ouvertes sur l'eau au ras de laquelle s'agitent les premiers oiseaux, sarcelles ! Il me faut revomir, le chauffeur se tient avec son ombre derrière moi ;

une colonne d'insectes se concentre sur un renflement du sable : en ligne ce serait un bras, en rond, un cœur ou des parties châtrées ?

Je remonte à la voiture, nous roulons plus lentement. Avant la plaine littorale, trois contrôles ; j'ai appris du vieil homme à l'enjouement forcé qu'il est avocat, qu'il vient de plaider à Tizi Ouzou la cause d'un père meurtrier de sa fille ayant fauté, que le droit moderne tient compte du droit coutumier, mais qu'il n'a pu sauver son client de la prison à vie ; d'une famille antérieure à la colonisation française, à la conquête arabe même selon ses recherches, il ne craint personne et restera ici, quoi qu'il sorte de la paix ; que son assassin lui trouvera vite la veine au cou, c'est celle d'un plaideur des causes désespérées.

À Alger, sur la hauteur, nous entrons, par une cuisine où, dans un cabas, s'égosille un coq, sous la table où il sera étranglé et déplumé, par des couloirs aux objets surannés où, sur une console au marbre fendu serviette et classeur sont jetés, dans un jardin où susurre, nuit tombée, un jet d'eau dont le faisceau du projecteur d'un mirador d'un casernement lointain éclaire le crachotement ; ma nausée persiste, on me fait m'étendre sur une chaise longue et passer, par une femme qui traîne des pieds sur le carrelage émaillé, un gant d'eau tiède parfumée ; je résiste à l'assoupissement en fixant dans ma mémoire immédiate l'image de la petite accroupie, de sa croupe, de sa ceinture, de ce que j'ai pu voir de sa nuque, de la courbe de sa joue – et si l'autre était défoncée ? dans l'un de ces massacres où l'on tue avec ce que l'on a sous la main, marteau, masse, pierre, ciseaux ? Du peu que je tourne ma tête ou la renverse, je vois des palmes, des panaches, de grosses fleurs demi-fermées ; coups de feu dans le bas de la ville ; d'un transistor sur une table ronde, j'entends qu'un groupe a été mitraillé la veille ; dans ce groupe figure, parmi les morts, celui que je dois rencontrer demain.

Qui, sur mes indications, se charge d'avertir mes camarades que je passerai la nuit ici et les retrouverai demain matin au petit hôtel du front de mer où nous avons des prix ?

Ce n'est pas du coq que nous dînons mais d'un quartier de sanglier dont la chair me rappelle, plus forte moins aigre, celle des chats errants que nos camarades cuisiniers tournent, en adjuvant, dans leurs ragoûts de bœuf. La femme traîne ses babouches autour de la table, sa croupe sent très fort, des moucherons dans la lumière de sa gorge.

Le vieil homme me pousse dans son bureau dont une baie donne de plain-pied sur un renfoncement du jardin ; je ne vois que ce qui me paraît le tiers de la pièce, mais presque tout y est de ce qui me manque : musique par piano et disques, poésie, théâtre, roman par livres, traductions latines, grecques, anglaises, allemandes, bilingues ancien français, livres d'Art, reproductions, plans d'architecture ; en trois à sept minutes j'ai reconnu, dossiers d'ouvrages, de coffrets, embrassé une part de ce qui, faute de moyens, m'est resté inaccessible ; un œil, rêveur au loin et désirant de près, de Tahitienne de Gauguin dépasse d'une pile en pénombre, les lunettes de Stravinsky d'un ensemble incliné de disques ; une plaquette où mes yeux à travers les verres embués par le fumet du sanglier distinguent The Night of Loveless Nights de Desnos... ; du fond du long bureau, un bruit de plumage frotté, ouvert, becqueté, de bec sur du grillage.

101

Où vais-je dormir ? Pourrai-je dormir quand il y a ici tant à lire, à regarder, à écouter ? La voix du vieil homme prend dans une pénombre dorée par l'abat-jour de verre, frêle, douce, à peine alourdie par l'ingestion de chair sauvage ; vers minuit, du vent balance les palmes dehors ; à tout moment, la porte peut s'ouvrir sur des meurtriers à fusil ou couteau ; lui coudes à sa table, moi, devant, sur le fauteuil du justiciable ; jusqu'aux premières lueurs, nom après nom, œuvre après œuvre, période après période, je défends ce que la jeunesse de mon corps, de mon cœur, de mon cerveau, l'exercice de la poésie, me font ressentir comme commencement et fin de tout désir, luminaires du Temps, étoiles de l'Occident, immortalité sûre ; et dont il est revenu, lui, ou revient chaque jour, la Terre, le Temps, l'Espace, étant aussi fragiles que son corps, l'angoisse saisissant sa science, sa conscience pour le jeter dans l'infini qu'on ne peut penser ; toute émotion, artistique, sociale, passionnelle, liturgique, se brise dessus ; le vieillissement, l'expérience désagrègent le corps comme l'atome le monde ; comment, atomes, se concentrer pour se penser ? penser, vivre chacun de ses atomes pour se penser fixé, en sensations, mots, eux-mêmes atomes ? se penser ainsi fragmenté, dans un monde périssable, Terre, Soleil, astres, mais comment penser le péri ? Toute pensée ne mène-t-elle pas à la mort, une concentration idéale à la déraison ?

L'art le plus grand, mais dont l'immortalité est d'autant plus ressassée qu'elle n'est pas assurée, ne tient que sur un surseoiement de l'urgence de vivre, de survivre qui crée le réel et nous y oblige ; sur un mensonge, sur un voilement de notre face...

J'ai, moi, l'avenir devant moi, que je dois remplir de faits, gestes, œuvres neuves, un corps pour accomplir.

Derrière moi, le bruit d'aile, de bec, se change en marmonnement : perroquet ? mainate reprenant chaque fin de proposition désespérée, la broyant en son bec avec un petit cri strident. Le vieil homme, à chaque fois, sort d'un tiroir gauche de son bureau un flacon, un verre, remplit, boit ; j'imagine un pistolet brillant en attente dans le tiroir droit.

Bien après minuit, il me conduit – je l'imagine au siècle dernier, un chandelier ou une lampe à pétrole au poing –, en appuyant sa main, forte, de prétoire, sur la rampe ouvragée et garnie de marbre, au deuxième étage où, à un palier où bat une fenêtre avec tous les parfums de la nuit, une chambre est ouverte, préparée par la servante avant de retourner à sa famille dans un bidonville du haut : lui redescendu – du haut je veille à ce qu'il redescende sans chuter ni faiblir du cœur –, j'inspecte le lieu, ses angles, poussiéreux, ses tableaux qui basculent en avant aux murs de papier peint aux motifs passés, le drap est relevé sur le haut : oserai-je y glisser mon corps aguerri mais non douché de sept jours ?

Sous un grand lavabo dont je ne tourne pas le haut robinet courbe, je vois des cafards courir autour de l'évacuation fissurée, mais le drap blanc épais, si frais, je m'y mets, y étends mes jambes, mes pieds jusqu'aux barreaux : ne pas attirer leur attention – mais que trouveraient-ils à manger sur moi ? Du tiroir supérieur ouvert, je sors une Bible. J'y recherche, y trouve, y relis le sacrifice d'Abraham : Dieu exigerait de l'humain,

comme preuve de sa soumission à Lui, qu'il attente à
mort à ce qu'il y a de plus pur en ce monde : l'enfance,
l'amour paternel ? Qu'il attente au sacré en vie, comme
dans les laboratoires d'Auschwitz... Et ce bélier, empêtré dans les ronces, en attente d'être égorgé en place du
petit d'homme... Veiller tant que je ne l'ai pas entendu
se coucher, au rez-de-chaussée, les ressorts du sommier
grincer... à mes réveils en sursaut, je descends voir si
de la lumière filtre sous la porte du bureau ; un claquement près d'une maison voisine – une cigogne qui
rêve et fait claquer son bec ? –, et c'est son arme qu'il
arme... le mainate, au fond, vers les palmiers, marmonne
encore, entre ses assoupissements, en écho à la désespé-
rance ; remonté, remis dans les draps, je rouvre l'Ancien
Testament, y retrouve en mots, en versets numérotés, les
images dont notre mère, sous l'Occupation, nous assis sur
les petites chaises rapportées jadis de Haute-Autriche par
notre grand-père, son père, nous faisait le commentaire,
reprenant Moïse commencé la veille, le Buisson allumé
l'avant-veille et brûlant toujours sans se consumer, les
plaies d'Égypte dont nous attendions les plus familières,
les grenouilles qui, l'été, rares, coassaient au bord de
la rivière un peu croupie d'au bas du haut mur de notre
appartement, la manne dans le désert, plus exquise en ces
temps de privation que les quelques pâtisseries, confi-
series éparses dans la devanture ; je tourne doucement
les pages, attentif au bruit du grouillement des cafards ;
je vais vers la fille de Loth transformée, à se retourner
vers Sodome en feu, en statue de sel – pourquoi ne pas
l'emmener dans la fuite, sur l'épaule, comme réserve de
sel ? –, comme Orphée se retournant sur Eurydice qui en

disparaît ; vers ces patriarches, ces jeunes gens animés, tourmentés de désirs spirituels encore inconnus de moi enfant, plus nobles, surhumains que les pitres sanglants d'Homère et de la mythologie grecque, excepté des filles, Antigone dont ici – combien de telles ! –, voyant comme les corps sont outragés, mutilés, je comprends mieux l'obstination à vouloir enterrer son frère ; vers ces vieux visages ridés de justes énigmes non résolues à l'image de celui, de Goethe glorieux, dévasté d'une angoisse qu'adolescent agile je ne peux comprendre : celle de la mort qui fait mourir pour de vrai, avec son prolongement incertain dans l'au-delà ; à celle du vieil homme hospitalier dont ma jeunesse suspend et renforce à la fois le désespoir.

Les feuillets tournent vers Joseph vendu par ses frères en qui depuis l'enfance je vois un semblable de par-delà les siècles : par l'œuvre que je veux construire, je rendrai notre nom éclatant, pour ceux, si chers, de mon sang qui m'ont abandonné dans cette nuit d'hiver d'il y a plus de deux années ; vers Noé ivre nu moqué par ses fils, vers Isaac trompé, pères humiliés, o mon père, à genoux devant moi, si seul, de deux en un, de un en deux réduit à un en un... notre mère en spectre en lui !

Dormirai-je, les larmes m'affleurant aux yeux, les oiseaux sifflant déjà dans la rosée marine ? Je vais aux Psaumes, assez de récits, de figures, de combats énigmatiques, à celui dont la prononciation interne, n'importe où, me tire des pleurs depuis que j'ai cessé de croire tout à fait : « J'ai demandé une chose au Seigneur, la seule chose que je cherche : habiter la maison du Seigneur tous les jours de ma vie... » ; je recouvre du drap mon visage en pleurs, mes sanglots que d'en bas, ne dormant pas, il pourrait entendre ; mais, craignant de baigner les draps de mes pleurs, je me redresse, me lève et vais au lavabo y pleurer tout mon saoul, mes orteils chatouillés par les cafards affairés – ainsi ceux des loyaux jeunes et vieux Hébreux endormis sur le sable sous le ciel alors pur, chatouillés par les petits animaux du désert et par le doigt de Dieu qui les compte, son peuple pour jamais.

Une grosse chouette crie, secoue ses ailes chargées de vermine, reprend, la sage à l'œil courroucé, vers son trou, ses petits, pouilleux, encrottés jusqu'aux yeux clignotants, dans la lueur bleutée de l'avant-matin, son vol sûr que ne dévient pas les secousses des explosions.

Le « Sphynx »

Le lendemain, ayant rejoint mes camarades à l'hôtel dont déjà le personnel européen se retire, je les suis qui se joignent à d'autres de régiments du Sud : quelques-uns nous entraînent – au retour je ne sais déjà plus par où nous sommes passés – au « Sphynx » où, dans une cour-rotonde intérieure, haute de voûte, garnie d'ascenseurs montant descendant des sous-officiers, officiers, soldats de bureau, visage rouge, pressés sur les parois par des femmes deminues, européennes blondes, natives brunes, africaines noires, eurasiatiques menues, seins nus, bas-ventre pailleté.

Le groupe nous pousse contre une paroi peinte de la rotonde qui résonne de cris gras, de mécaniques d'ascenseurs ; je me retiens aux épaules d'un qui se retient, devant : mais une main, baguée, huilée, me tripote me déboutonne la braguette de mon pantalon de sortie, s'y faufile, me prend le membre dans mon caleçon américain, le sort, je recule, mais une bouche se joint à la main, fardée, chaude, grosse, crevassée, une langue me frappe le membre érigé, m'en enveloppe le gland circoncis, une dent me touche le frein, traîne sur la cicatrice de la circoncision ; la face de la fille, de nouveaux arrivants me poussant vers la paroi, je ne la vois pas, rien qu'une oreille, qui passe, avec un parfum, d'un pan de blouson à l'autre ; je ne bouge plus, craignant qu'un mouvement ne fasse éjaculer mon membre tendu – dont, depuis deux ans, en raison de la promiscuité, je ne peux me servir pour écrire le premier état du texte à quoi me voue mon imagination – et que je garde tel pour la libération. À ma hauteur, les visages de quelques-uns d'entre nous se décrispent ; de quelle matière est la dent fausse qui se retire de ma chair retournée ? d'or pour celles dont les visages repeints, coulants, toquent contre les vitres des ascenseurs montant chargés de poitrines décorées, d'épaules galonnées : plus experte est la fille, plus précieux est le métal des dents ; en bas, contre les parois (la troupe), c'est de plomb.

Dehors, le froid me prend aux épaules, je me ressens le membre écorché, saignant ; toute la journée du lendemain, le long de la mer, entre mes camarades, je marche, fièvre au dos : les rues qui pénètrent l'intérieur de la ville vers le haut, Casbah, Gouvernement général, facultés, nous ne les prenons plus, nous y serions des cibles des deux camps ; les familles vont et viennent sur le front de mer ; sirènes, trompes, bateaux de pêche, de plaisance, cargos, paquebots, troupes, sifflets de trains ; des vieilles gens regardent la mer, l'horizon ; la nuit tombe encore tôt et vite, des titres de journaux aux kiosques annoncent un cessez-le feu imminent ; les gargotes s'allument, les grils flambent, sardines, merguez, fument ; des enfants, plus loin, se secouent le corps nu de l'eau trouble dont ils bondissent ; d'autres, nez pincé, y plongent ; l'un d'eux resurgit, un petit poulpe au poing.

Rentré au couvre-feu dans la chambre sur les quinquets du square que nous partageons à cinq, je couche, tout habillé sauf le blouson, sur le tapis à motif de chasse de la descente de lit, sous une couverture ; réveillé dans la nuit humide au roulement de chenilles sur la chaussée, je sors de la chambre, descends, blouson aux épaules ; dans le local, éteint, de la réception dont la lune traverse la vitre, une fille est endormie sur un fauteuil bas, mais c'est une femme, son ventre est enceint sous les deux pans d'une chemise blanche entrouverte dont les ourlets dentelle du haut frottent les tétons rouges dans la double respiration de la mère et de l'enfant en gestation ; d'une jupe courte, noire, sortent deux jambes un peu enflées ; je recule dans le noir : le portail sur le square s'entrouvre, le bruit des chenilles qui s'éloignent augmente, avec l'odeur du port ; un jeune homme, chemise à carreaux ouverte sur un poitrail fort, jean aux poches gonflées, avance, fusil à l'épaule, une main, noircie, sur la bretelle ; je cherche à quel son raccorder celui de ma respiration, mes pieds nus sont-ils bien, au sol, hors lueur ? Je n'ose les regarder, de peur que, penchant la tête, mon crâne, mes cheveux ne prennent un rai de lune ; le fusil brinquebalant à l'épaule, les mains noircies – du sang sous les ongles, du sang entre les doigts ? – s'appliquent aux deux seins, découverts, la tête du jeune homme frotte celle de la femme, sa bouche prend la sienne, bruit de baiser, de salives mêlées, aspirées... le bassin du jeune homme bascule vers la gorge rayonnante de la femme, la pénombre touche tout le couple, j'entends un son de ceinture, de pressions qui sautent, de renvalement en salive, de battement de joue, de lècheries, le fauteuil grince aux mouvements du bassin ; un râle long puis d'autres plus courts, le fusil glisse sur le bras, le coude, la crosse tombe traîne sur le carreau ; qu'il me voie, me tuerait-il, comme il tue des « Arabes », de jour, de nuit : au moins me mettrait-il en joue pour m'éprouver, se prouver que le contingent de métropolitains n'a pas défendu ses semblables, Français d'Algérie ? Il sort de sa poche un chargeur, en charge son fusil-mitrailleur, se dirige, fusil droit devant lui, vers la porte laissée entrouverte, la passe, disparaît dans la nuit qui s'éclaire de bleu, à un son long de sirène : un paquebot qui tourne dans le port, vers la sortie de la rade ? L'enfant, dont la salive de la mère mélangée de la semence du père... où naîtra-t-il, s'il naît ? de ce côté de la mer ou de l'autre ? L'air, entré par la porte qui se referme, fait frissonner ses tétons qu'elle, bouche amollie, recouvre des ourlets de la chemise mâchurée dont l'aurore diapre les plis de bleu. Lui a-t-il seulement caressé son bas-ventre que l'engrossement rend difficile d'accès ? Elle fredonne entre berceuse française et mélopée andalouse, se caresse d'un seul doigt cet organe que je n'ai pas encore touché, que je ne croirai que si j'y mets mon doigt, mes doigts – un seul ne suffirait pas : ma bouche ?

Lui, dans sa bande sans sommeil, s'embusque-t-il dans les renfoncements des ordures, des cycles, des chantiers, pour y attendre, viser les premiers ouvriers, employés, d'aspect arabe, et tirer ? Jusqu'à ce qu'il soit abattu d'une rafale tirée d'une fenêtre obscure où la dentelle du rideau bouge à peine ? ou de la tourelle d'un tank en faction, après sommations ?

Interrogatoire

À la table de transmissions de la chambrée de la compagnie dont les abords sont renforcés, nous nous succédons pour recevoir les messages du cessez-le-feu, les ordres des modalités de son application ; capitaine, officiers se tiennent en attente, au-dessus, sur le balcon de la maison de maître de l'ancienne ferme réquisitionnée au début de l'insurrection ; quelques bouteilles de plus que d'ordinaire à décapsuler sur la table où les mouches zézaient, grondent sur les restes de viande noire ; ceux d'entre nous qui ont veillé la nuit devant les appareils crépitants se réveillent sur leurs paillasses de quels cauchemars de prolongation de leur temps militaire ?

Nous pressentons, sans mot dire, que, les factions se renforçant de nouvelles, réprimées par l'urgence des combats de dernière heure, déchirements, meurtres, viols, tortures, massacres se préparent sur tout le territoire. Et que nous en ayons pris le texte nous fait complices du cessez-le-feu, de la reddition de la France, de sa défaite, diplomatique, de la trahison de son armée, victorieuse sur le terrain, de l'abandon vaguement programmé des populations loyales à la France.

De la neige tient encore entre ces rochers de la haute forêt littorale où des officiers de l'armée française doivent assurer la sortie sauve de combattants clandestins des grottes d'où, quelques jours auparavant, ils les en auraient délogés à coups de mines ; dans le command-car du capitaine, dont je ne sais quel ordre non passé par ma radio lui a fait prendre cette route, j'attends, dans la clairière chauffée d'un soleil plein traversé par des vols de buses, la fin des conciliabules : sur mon genou, dans un carnet, j'écris un petit texte majestueux d'ouverture de livre futur ; le capitaine, à l'écart, parlant avec d'autres debout sous les sapins, un haut gradé, petit, face hargneuse sous le béret, pose ses coudes sur le capot du command-car, me demande d'une voix aigre ce que j'écris : la rédaction du texte me réchauffant mon moi civil refroidi par l'assujettissement, je griffonne encore une ligne et, sans lui faire, même assis, le salut réglementaire, lui demande, comme sortant d'un beau songe qu'on aurait dérangé, pourquoi, compte tenu du statu quo installé par le cessez-le-feu, ils s'y mettent à plusieurs gradés pour surveiller la sortie de clandestins qui, sans eux, trouveraient facilement leur chemin ; je vois sa face s'enfler, rougir, sa bouche marmonner, je l'entends me menacer, m'imposer de descendre du véhicule ; le capitaine – auquel je prête les journaux que m'envoie une sœur de ma mère, prisonnière sous l'Occupation à Fresnes, aujourd'hui engagée pour l'indépendance de l'Algérie –, revenant à nous, m'enjoint d'obtempérer, la colère me soulève les côtes dans la poitrine ; mon appareil crache, crépite, on m'appelle d'en bas, il me faut écouter le message et taper la réponse ; le haut gradé, grommelant, se retire mais je l'entends crier qu'il aura raison de moi. Au fond de la clairière, des rebelles, la veille clandestins à abattre, sortent du réduit, bras levé et chant aux lèvres.

Plus tard dans le mois, plus haut dans la montagne, en fin d'une nouvelle mission de déminage, je commence le démontage de ma station de transmissions ; l'appareil crépite, les signaux morse se précipitent, je ne les comprends pas, puis, sur ma demande, les signaux se font plus espacés : j'y comprends qu'un danger m'attend en bas ; le lieutenant s'inquiète de mon inquiétude, mais comment pourrait-il ignorer, sortant de chez le capitaine du poste du village de regroupement, une mesure qui touche un de ses hommes, de surcroît chargé de la transmission codée ? J'apprends qu'un de nos camarades, un FSNA, un soldat « français de souche nord-africaine », affecté aux bureaux, que j'ai pris en sympathie et auquel, le voyant inquiet de son sort après l'indépendance programmée, j'ai conseillé de postuler son engagement dans la Force locale, institution de transition des pouvoirs négociée, officialisée, a déserté, la nuit passée, mais pour l'ALN et en menaçant des soldats de notre commando.

En bas, descendu de la jeep, une part de mon matériel dans les bras, je vois, dans la courette de devant le commandement, trois command-cars vides et leurs chauffeurs appuyés contre ; en haut, sur le balcon, de l'or brille dans l'embrasure de la porte-fenêtre du bureau du capitaine ;

j'enjambe, avec mon petit chien, sur un côté de l'entrée, un passage qui nous est familier, de barbelé écrasé entre des piliers de pierre effondrés, pénètre, par l'arrière, dans notre chambrée ; les camarades, vite, m'y informent que je vais être arrêté, que mon casier a été vidé, que les chauffeurs, à leur arrivée, les ont avertis de la fouille, qu'ils ont dissimulé quelques-uns de mes papiers, le petit prologue écrit en command-car pour un roman prochain, dans le sac marin du caporal – apprenti pâtissier dans le civil – qui est sur le départ vers sa libération en métropole ; prévoyant, le voyant, le ressentant déjà, que je vais disparaître, sans procès – ici, à ce moment de trouble général, de non-droit, et pour moi, de la troupe, un procès ! –, dans quelque bagne militaire, je prends mon appareil photo, me mets devant notre glace, me photographie me photographiant, mon petit bâtard sautant autour de mes jambes ; les camarades se passent l'appareil que l'un d'eux fourre dans son casier ; d'où sortent les trois soldats avec brassard blanc qui entrent, cognant du pied le chien qui leur aboie après, se saisissent de moi ? me poussent dans la courette où se tient au balcon un haut gradé, colonel ou lieutenant-colonel, tapotant le haut de sa botte brillante d'une badine ? dans l'escalier, pendant que le colonel entre dans le bureau du capitaine qui, à l'entrée, se tient debout la main en salut à la tempe.

Prévenu, dois-je encore les saluer, moi qui, « libre », éclaterait de rire au salut et aux appellations obligées – « mon capitaine », « mon lieutenant », « sergent » et autres ?

Le colonel s'est assis, derrière la table sur le siège tournant du capitaine qui me sépare des soldats et m'enjoint de me redresser avec salut réglementaire ; mais déjà mon oreille ne l'écoute plus tout à fait, je suis, quoique en éveil, dans un futur immédiat de bagne sans fin : une part de moi, chair et esprit, y disparaît en fantôme, en fantôme aussi se tient debout la part de moi, tenue de campagne non rajustée, seul, sans droit, devant deux adultes chargés d'un pouvoir absolu, mais devant leur résister ; une glaise informe dont les circonstances feront un objet dur.

Le colonel, un quinquagénaire d'assez haute taille dont les cheveux grisonnent, poitrine chamarrée de décorations dont j'ignore la signification et l'importance – je n'en ai vu, enfant, aucune, au vêtement de mes tantes et oncles, héros de la Résistance, rescapée, pour l'une, des camps de la mort, pas même sur le mémento de l'un – dont le texte est le début de l'*Ode à la joie* de Schiller, allemand –, disparu, à vingt-trois ans, dans celui, à chambre à gaz, crématoire, laboratoire d'expériences sur le vivant, d'Oranienburg-Sachsenhausen –, nous débite, sans me nommer ni me regarder, des faits, des allégations de ma trahison, puis, se levant, sort un petit carnet de sa poche gauche, qu'il ouvre, et où, lunettes tirées de celle de droite, il lit des phrases où me parvient, au bout de deux pages lues, au travers du bourdonnement de mes oreilles, une inflexion familière : « mon style », des notes de moi, donc, dont le bloc n'a pu être caché à temps par les camarades ; le colonel esquisse un mouvement de main accompagnant le rythme ; il commence, plus loin, une note et, levant le visage vers le capitaine qui se met au garde-à-vous, dit que la note le concerne : que j'y écris qu'il me fait penser à la fois à une figure, brune, de jeune de Stendhal, au charme naïf et ténébreux, et à celle, à l'accablement secret social fatal, d'un de Thomas Hardy ; le capitaine restant au garde-à-vous et la tranche de la main à la tempe, mes deux fantômes intérieurs tremblent d'un rire que ma bouche réprime : ainsi l'Armée se met-elle au garde-à-vous devant l'une de mes phrases ; mais j'y entends aussi que plus elle avance dans mon « profil », plus se précisent les motifs de ma mise en accusation et, chez le colonel, le plaisir d'avoir attrapé l'un de ces intellectuels, si modeste encore soit-il, qui auraient empêché l'Armée de garder l'Algérie à la France civilisatrice au lieu qu'elle se livre au communisme international.

Ces citations achevées, au nombre desquelles des rumeurs entendues et notées par moi sur des exactions, revendiquées, des commandos de notre compagnie et d'autres : viols, oreilles coupées aux dépouilles envoyées en colis en métropole, le colonel se lève, pose ses mains soignées sur la table, articule que pour ces citations, des rébellions répétées, des incitations à la contestation, la possession et la divulgation de brochures et journaux interdits, et complicité de désertion et de menaces du déserteur sur des commandos dont, s'il passait à l'acte, je serais tenu responsable, le tout constituant le crime d'atteinte au moral de l'Armée, il m'inculpe sur-le-champ, ordonne au capitaine de m'emprisonner au cachot et au secret immédiatement, m'avertis que je serai dès demain matin transporté à l'État-Major de la Région pour l'instruction d'un procès. Claquements de talons, effluve d'après-rasage, garde-à-vous en courette, démarrage des jeeps.

Seuls dans le bureau, au capitaine, réassis à sa table, tête dans les mains, se désolant de ce que je me sois « mis dans de beaux draps », je demande de m'aider à en sortir ; le tourment de ce que sa compagnie soit touchée par une inculpation quasi honteuse est, je le vois à l'esquisse de sourire qu'il me fait en relevant la tête, adouci de ce que le colonel lui a lu de ma note sur lui : il voudrait en savoir plus.

Mais j'ai hâte de me retrouver seul ; aussi me fait-il ôter mes lacets, mon ceinturon, vider mes poches ; voyant que mon treillis est ensanglanté au mollet et au genou – je me les suis blessés à des barbelés au bled –, il me propose de m'y faire panser ; je lui dis que la bave de mon petit chien suffira à en désinfecter et en cicatriser les blessures ; il me fait descendre avec un sergent dans le couloir d'entre le PC et notre chambrée de transmissions ; à droite en allant vers la grande cour de rassemblement, les commandos, le foyer, les miradors, une grande porte ouvre sur un débarras au haut plafond : on m'y enferme, pour cette nuit seulement avec le chien ; sans dîner mais mes camarades de chambrée, jusqu'à l'extinction des feux, toquent à la porte verrouillée et y murmurent quelques-unes de nos expressions familières ; mon petit chien, à chacun de mes réveils en sursaut, saute sur l'amas de couvertures usagées, moisies, que je me suis fait, me lèche ma jambe dénudée.

À l'aube, la porte est déverrouillée, un sergent, auquel les camarades ont donné mes affaires de toilette, me conduit au fond de la grande cour, vers l'abreuvoir de l'ancienne ferme, devant le hangar des Engins et au bord du camp ; je marche traînant mes rangers sans lacets et retenant à la main mon pantalon de treillis à la taille ; je me lave, me rase sans glace : le verre m'est interdit avec quoi, brisé, je pourrais me blesser, me tuer ; mes verres me seront confisqués la nuit ; ce matin, avant mon premier interrogatoire – l'ai-je préparé ou ai-je rêvé mes réponses ? –, je vois dans l'eau verte sombre, où le bleu se change en rose, des têtards tortiller entre les mousses, où sont les grenouilles ou les crapauds ? n'ont-ils fait que, sous le couvert d'une averse, sauter du marécage de dessous le mirador, en haut duquel, si je ne suis en campagne, je fais mes tours de garde répétés, dans l'eau toujours si claire pour s'y reproduire sans partenaire ? Si j'y attarde mon visage, c'est pour y revoir celui que j'y ai, tout enfant, avant le désir, tout de curiosité, d'allégresse, de ruse, de témérité ; m'y faire celui que je dois montrer à mes questionneurs, à mes ennemis.

Un sergent me presse, me pousse dans une jeep où se tient, auprès du chauffeur, un officier casqué avec brassard blanc ; la jeep sort de l'agglomération où quelques vieillards précoces secouent des nippes, roule dans le jour levé ; je sais la préfecture proche mais j'imagine des obstacles, des déviations provisoires pour que dure la progression en pente douce vers un lieu dont on me tait le nom ; des contrôles, une embuscade même, de quelque faction que ce soit, pour que j'y puisse m'échapper et où je trouverai lacets et ceinturon ; nous passons sous le lieu-dit Guynemer, du nom de l'aviateur héros de la Grande Guerre dont enfant j'ai lu des lettres du front : une rage me prend contre ces figures de l'héroïsme militaire français qui, maintenant, me condamnent toutes et dont les noms, sanglants pour beaucoup, désignent ici encore des villes, anciennes et nouvelles, du territoire dont je n'oublie pas que ceux qui me contraignent seront chassés à la saison prochaine – mais le bagne n'a pas de frontières nationales.

En lisière d'un petit camp militaire proche de la route, des soldats s'affairent autour de monticules de cartouches de cigarettes en feu ; des instruments, des outils, des ustensiles, des sous-vêtements, des chaussettes, des souliers, des blousons, des capotes, des pantalons, des bérets, des couvertures, amassés en tas entres les figuiers de Barbarie, y seront jetés, sous les yeux de paysans chassés de leur terre et regroupés dans des villages rectilignes ; il ne faut rien laisser à ceux qui nous rejettent et, l'Armée disposant d'un pourcentage précis de perte, de gaspillage, l'opération se fait au grand jour.

Dans la préfecture, la foule, où je cherche des regards dont les corps pourraient m'enlever à mes geôliers, vaque aux étals : des bêtes éventrées, entrailles bleues, y pendent, tournent en pénombre où des bouchers frissonnent à la rosée, grands couteaux, hachoirs au poing. Cliquetis d'armes, de chargement d'arme ; la jeep accélère dans un virage de terre rouge sous eucalyptus, cèdres dont le parfum descend sur moi, me protège comme une nuée sur un peuple en fuite ; la jeep arrêtée au contrôle d'entrée, j'entends des échanges de voix molles sur moi mais comme d'une langue étrangère ; la jeep pénètre plus avant, longe des parterres bordés de blanc : l'espace grouille de plus de gradés que je n'en ai vu en un an et demi de service ; ceux du combat se distinguent bien de ceux de bureau.

Comment vais-je descendre de la jeep sans que mes rangers me glissent des pieds ? Comment placer mes pieds dedans et retenir en même temps mon treillis ? Vont-ils me laisser ces vêtements militaires que je suis maintenant indigne de porter ?

Je descends, tout tient ; on me pousse, au travers de portes de verre, dans un hall carrelé oriental ; dans un escalier de béton en chantier ; à l'étage, un couloir longé de baies de bureaux. L'officier, décasqué, me fait entrer dans l'un, vide, puis dans un autre, rempli de soldats débraillés fouillant dans des cartons, puis dans un autre où, sous un abat-jour qu'il éteint, un gradé assis feuillette des documents ; d'un signe las de sa main il nous repousse dans le couloir ; les soldats sortent du bureau précédent, font traîner leurs pieds, de quel côté sont-ils ? Le dernier bureau du couloir qui se continue au-delà d'une porte gardée d'un planton, PM sous la poitrine bride au cou, on m'y tient debout le temps que sur la grande horloge de la cour d'honneur passe une heure ; grande pièce avec moulures, deux bureaux, l'un, large, de bois brillant, deux téléphones, dans la lumière des baies, l'autre, en pénombre à droite de l'entrée, un combiné sur formica ; des calendriers aux murs jaunes, tout y est barré jusqu'à la veille d'aujourd'hui, ainsi puis-je y lire le jour où nous sommes, dont, cette nuit, sur l'amas moisi, je peine à retrouver la date.

Le soleil m'éblouit dont on me refuse que je m'écarte, quand un lieutenant entre et, sans me regarder, s'assoit au petit bureau ; si le colonel inculpeur tient parole, c'est lui que le garde salue à grand bruit à l'entrée : le voici, badine à la main, quelque chose le coiffant, galons sur ses hautes épaules, décorations étincelantes, chacun de ses mots, de ses gestes, de ses mouvements, de ses borborygmes est un ordre, une accusation, une menace, une moquerie. En passant la porte – le lieutenant se dresse au garde-à-vous –, il se déporte sur la gauche, me bouscule ; il jette ses gants sur son bureau, dont l'un tombe au sol et que son ordonnance, un jeune rouquin, ramasse ; le colonel lui tend sa coiffure qu'il dépose sur le bord du grand plateau ; il s'y assoit, dans un beau siège tournant, me regarde par en dessous, je le vois soulever sa jambe bottée droite sur son genou gauche, les deux bottes brillent jusqu'aux semelles ; se balançant vers l'arrière, il attend que le lieutenant lui apporte un dossier ficelé qu'il dénoue en soupirant : du dessus des feuillets glisse le petit volume vert de ma première publication qu'il a fait prendre dans mon casier avec une part de mes notes ; toujours debout, sans lacets ni ceinture, ni café ni pain au ventre, vais-je devoir entendre et justifier chacune de mes phrases écrites, petite fiction et notes ? Je les entends prévoir dix jours d'interrogatoire ; le lieutenant se charge des notes factuelles, matérielles, le colonel, des notes de jugement, politique, psychologique et du petit livre que déjà, glissant une botte sur l'autre, il commence de feuilleter ; ses lèvres suivent sa lecture, mon cœur bat qu'elles ne s'ouvrent sur de la voix disant les phrases dans lesquelles j'ai enfermé cette part de ma jeunesse amoureuse dont la probable perdition dans le bagne m'interdit désormais de vieillir et d'approfondir les figures dans une vraie fiction adulte ; mais ses lèvres s'ouvrent, mes phrases, qu'il prononce d'une voix aigre, répandent quelque fraîcheur dans l'espace confiné : l'équilibre de leur rythme, leur verdeur et leur ironie passent dans sa gorge, quoi qu'il en ait : il poursuit sa lecture sans la dire ; le lieutenant récite une note où je fais état de la misère matérielle, treillis en lambeaux, saleté des corps, vermine, nourriture avariée, de camarades dans tel poste où l'un d'eux perd la raison, mitraille du haut du mirador des rebelles imaginaires sur les postes mitoyens ; le colonel l'interrompt, lève un doigt, articule un paragraphe, y laisse en suspens une syncope dont il me reproche l'audace ; je la justifie, la faim me redresse. Jusqu'au soir – en leur absence pour déjeuner au mess dont j'entends la rumeur, un sergent, assis, me garde debout puis moi assis et lui debout –, le questionnement reprend, alterné, mes notes, dites par le lieutenant, je me les corrige, les augmente, les amplifie, intérieurement – j'y redécouvre le plaisir, l'assurance qu'on ne peut rien contre la pensée, fût-elle, celle fragile, d'un tout jeune homme – mais mes lèvres bougent ; le colonel me regarde transformer ma notation ; lecteur, il doit supposer que c'est pour l'approfondir et y fustiger le mépris de la hiérarchie et son incurie, forcer le trait ; mais, poursuivant sa lecture, il prend à témoin le lieutenant, les officiers et sous-officiers qui passent dans le couloir, de ce qu'il découvre de cru, de sexuel dans ma petite fiction à plusieurs voix et qu'il leur lit à voix haute : ces petites crudités vivaces qu'il lit sur un ton artificiellement coquin, comme il le ferait d'un morceau d'érotisme bourgeois, les font siffler, et sifflent aussi, mais sur un ton au-dessus, les soldats, appelés, bureaucrates, qui les accompagnent : de complice des égorgeurs, je passe pornographe ; moi qui déjà rejette toute interprétation érotique du peu que j'ai alors écrit, que dois-je opposer à ces sifflements ? Ayant faim, retenant mon treillis, trop large à ma taille amincie par les dernières campagnes et la soudaineté de mon arrestation, je ne peux figurer, avec ma jeunesse encore embarrassée, un auteur maître de sa coquinerie ; et, allant plus loin, s'il découvre des phrases qui prouveraient ma virginité, ce qu'il paraît connaître de mon dossier de mon temps de service en métropole, mes rébellions répétées, la lettre de désamour de ma petite de Paris, le jettera-t-il, par ma face, à ceux qui se pressent à la porte de son bureau ? L'instruction de mon cas doit rester secrète : et même sans défense ni information sur mes droits – mais, ici et pour ceux-là, le droit c'est la force, d'autant qu'ils ont été contraints, au putsch, de se soumettre au droit ; ils tiennent ici une petite revanche, mais le colonel, dont le ton de la voix, les manières laissent penser qu'il fréquente peut-être, ici, en Préfecture, un cercle mondain auquel les circonstances peuvent rendre son lustre et sa méchanceté des plus beaux jours, et qu'il y a appris que l'éditeur de mon petit volume est, même complice de la décolonisation, l'un des plus grands de Paris, se saisit de leurs esquisses de sarcasmes pour les faire cesser : et me refusant à « noyer » la gravité des accusations qui me sont portées et leur nullité, dans une approbation égrillarde de leur excitation, j'ai sauvé l'honneur de ma petite production et de la langue française pour laquelle j'ai, depuis la première adolescence, des ambitions de renouvellement ; il ferme le petit livre, trie dans les notes confisquées, sort un feuillet, le lit, me dit, par en dessous mais devant ceux restés à la porte, que j'ai beaucoup d'imagination, ce que je sais et les nerfs avec, que je devrai, les jours suivants, justifier chacun des faits rapportés dans ces notes, qu'on fera descendre du bled des soldats des unités mises en cause.

On me ramène à ma compagnie, à mon réduit, le capitaine me fait porter une assiette de viande noire et de fayots ; mon petit chien m'est rendu pour le temps que je mange – sans couteau ni fourchette –, les camarades se pressent, torses nus à la porte, m'apportent du linge de corps propre ; couché sur l'amas, je regarde le plafond de cet ancien magasin de fourrier où le faisceau de notre mirador passe devant une ouverture haute : des chauves-souris y frôlent les poutres ; mes blessures à la jambe, désinfectées sous la langue vaillante du petit bâtard, cicatrisent ; la station debout m'ayant exaspéré les nerfs, je saute, me suspends à une poutre basse, je cours autour du petit espace obscur dont je ne repère les formes que par l'odeur qu'elles dégagent ; l'exercice auquel je me contrains – et me contraindrai dans la suite –, malgré l'angoisse qui me serre la gorge à l'étouffer et dont je cherche la bonne position pour la réduire – couché, debout, accroupi, suspendu –, je le pratique depuis l'enfance où, de la bouche de ma mère et des premières lectures j'apprends l'ordinaire des jours dans les camps de la mort, appels, coups, humiliations, faim, froid, soif, coliques, et y rapporte chacun des petits tourments de ma petite vie pour en réduire l'intensité et les conséquences, les assumer et passer outre : ici, c'est l'enfermement en wagon de bestiaux, la réclusion dans un espace à peine plus étendu que le corps, en trou de cave, jour, semaine, mois sans lumière, l'emmurement – Antigone (je le suis, en pensée, en vouloir, de mon père aveuglé de chagrin).

À l'aube, plus tôt plus vive au Printemps, moi déjà embarqué dans la jeep, les camarades me donnent du café à même la louche qu'ils plongent dans la marmite ; sur le trajet, un contrôle, de la police civile – un massacre plus haut dans le massif –, comme ils ont entre leurs mains un justiciable militaire, mes geôliers passent ; à l'État-Major,

123

colonel et lieutenant me paraissent plus durs qu'hier : menaces sur leur vie ? L'interrogatoire porte sur le fond : je suis de ceux qui depuis la guerre d'Indochine, communistes ou chrétiens trompés par eux, contestent et dénoncent l'effort de l'Armée pour garder à la France des colonies qui lui coûtent cher mais qu'elle a le courage de vouloir préserver des « soviets » et peut-être, encore en ombre lointaine menaçante, d'un islam au fanatisme renouvelé. Ce que je sais de la révolution algérienne, par ses textes et l'action de quelques-uns de ses précurseurs, le spectacle de la misère – les monticules d'ordures alimentaires au flanc desquels enfants et vieillardes touillent au crochet de quoi manger –, la cruauté de la conquête et des répressions, que, partout, sous couvert de la jovialité souvent ignare de leurs concitoyens d'origine européenne, les Algériens non européens, alors devenus citoyens français, apparaissent, pauvres et riches, comme étrangers sur la terre de leurs ancêtres, vais-je pouvoir le tenir debout en moi ?

Du fond du couloir, un groupe de soldats, de sous-officiers avancent, portant sur leurs bras un jeune soldat pâle, yeux bleus passant de l'effarement au sommeil, bras ramollis sur ceux fermes de ses porteurs provisoires : le torse recouvert d'un seul maillot de corps kaki, les jambes agitées de tremblements ; le lieutenant, cependant que le colonel, dont le seul regard sur un subordonné aussi misérable réduirait le pouvoir, réexamine, crayon Bic en main et aux mâchoires, ma liasse de notes, me présente ce jeune camarade – qu'appelé, je ressens plus proche de moi qu'il ne le croit de lui, d'active – comme victime de ceux dont je défends la cause, donc les atrocités ; et encore, par pudeur, ne me dira-t-il pas les raisons de son égarement... Voudrait-il me faire croire que, le pauvre soldat, mes « amis » l'ont émasculé ? Mes orteils se recourbant dans mes rangers sans lacets, je marche vers lui qui se lève et recule en pénombre, un presse-papier à la main ; le colonel se redresse, met la main à sa badine déposée sur le coin du bureau : voudrait-il, passant de l'autre côté, m'en donner un coup ? ou bien, en le défendant lui-même, humilier son inférieur ? le combattant – des guerres perdues – donner une leçon au bureaucrate policier ? Je marche plus avant, dans le couloir les porteurs s'agitent, le plaisir d'un possible affrontement physique entre ce lieutenant, de famille coloniale, et moi atténue leur hostilité envers celui dont on leur dit la traîtrise. Voyant la badine briller dans le poing du colonel, je vais à son bureau, étends mon bras au-dessus, vers la liasse du petit bloc jaune de mes notes, le lieutenant, sortant de pénombre, me saisit l'autre ; voulant retenir mon pantalon qui glisse, je lui laisse saisir le bras dont la main a atteint le bloc ; il me tire, de ses bras mous, vers l'arrière, me ramène à ma place, sur un signe du colonel, m'assoit sur un petit banc entre deux piles de dossiers ; le groupe a quitté le couloir, je sens le sang se retirer de mes veines, aux bras, aux jambes, je me mastique une salive sèche, respire à grands traits, ma vision s'assombrit, mais je peux voir un verre approcher de mon visage, un peu d'eau rosée clapotant dedans : qui m'avance le bord du verre vers ma bouche, m'en force les lèvres ? M'étendre ? banc trop étroit ; au sol ? que devrais-je y faire, y dire, pour m'y garder digne ou drôle ? Fixer sur quoi ma pensée, pour tenir, au moins assis, pour ne pas perdre connaissance ? pour maintenir ma colère, intacte, la justesse de mon engagement ? Sur la figure pâle du camarade blessé – une pâleur noble ; la mienne, même de fureur, leur convient, attestant la faiblesse de mes nerfs, donc de mon jugement, même s'ils en connaissent les arguments ressassés parce que indubitables ; mais, soucieux de leur avancement et connaissant le dossier médical de mon incorporation, craindraient-ils que la petite nouvelle de mon évanouissement ne se propage dans la Division, et que cette syncope les force à m'hospitaliser ?

Imaginant le pire, en pensée son visage presque face au mien, pour ce sorti de l'enfance envoyé, contre la loi, mineur, à la guerre, et faisant face à nouveau, à côté du sien, à mes deux questionneurs rapprochés fesses au bureau, je reprends souffle et sang, la chaleur remontante des deux me mouillant le coin des yeux, qu'est-ce cette instruction, moi valide et mon petit livre devant moi dans leurs mains, en regard de son corps blessé, mutilé ? de son ennui futur, à lui, paysan ou artisan ou paysan-ouvrier privé de son métier, de femme – quand moi je peux en inventer en mots, à ma convenance –, d'enfants quand je peux en peupler, des plus beaux, des plus misérables, mes contes à venir...

La lecture de mes notes reprend dans l'après-midi, après une assiettée de fayots apportée par un camarade dont la morve d'un nez affligé d'impétigo tombe dedans ; certaines où, d'un fait rapporté par des camarades d'unités voisines, j'esquisse une scène le prolongeant, le durcissant, avec déjà figures augmentées, il me faut en justifier l'origine sans donner le nom des informateurs ; détacher les développements de l'information originelle, affirmer que, voulant écrire, écrivant et publiant déjà, je ne suis pas ici, dans cette guerre, pour informer ni même témoigner, que ce qu'il manie, pour le colonel, de ses mains gantées, est privé – comme les lettres d'amour –, que, contrôlant la correspondance, ils ne peuvent même m'accuser de répandre des informations vers la métropole ; que c'est leur traitement par eux qui fait publiques ces notes de travail ; voudraient-ils que, soldat, je cesse toute activité intérieure, spirituelle – à plusieurs signes j'ai reconnu qu'ils ne croient pas et je dis le mot pour les confondre, sachant l'Armée soucieuse du respect des cultes, comme des conditions sociales ; « intellectuel », pour eux, moi qui connais alors à peine le mot, je serais plus maltraité que le non-instruit dont ils espèrent une soumission entière...

Au fil des commentaires, ma foi dans l'indépendance de l'Algérie faiblit ou se renforce, la force des mots, fussent-ils, les miens, encore fragiles, la responsabilité de celui qui les choisit, ces deux puissances que je connais, dans mon écrit adolescent clandestin et dans celui, public, qui tourmente mon père, je les éprouve aujourd'hui devant l'Armée, censée défendre la République – et plus encore en ce Printemps où elle garantit des accords qui en démembrent le territoire –, devant son tribunal ; et si seul entre mes notes que le colonel fait avancer de sa voix sarcastique ou mielleuse et l'autorité nationale armée, pris entre ma production nue et les massacres prévus pour l'été, sans appui, sans « réseau » de soutien, privé de toute correspondance, de toute presse, le courrier de mes camarades surveillé, auprès de qui, de quoi raffermir des convictions dont, de plus, je sais que, ni algérien ni européen d'Algérie, seulement tout juste citoyen français, je ne peux m'en revendiquer le droit que sur un plan moral – et quel droit quand j'ai si peu vécu ?

La discussion vient sur les chefs de l'insurrection algérienne ; sur les accords de Mars dont Krim Belkacem est le négociateur en chef pour la partie algérienne : le colonel prend ses aises sur son fauteuil, étend ses jambes bottées sous le bureau double, renverse sa tête, fume un cigare imaginaire, détache sa main fine, gants entre les doigts, au haut de son bras levé : « Krim ? mais quand il était chez nous, il me cirait mes bottes ! » Je ne peux réprimer un sourire, puis presque un fou rire ; le colonel repose sa main sur le bureau, recule ses bottes : voulant réduire son ancien ordonnance, il vient de le grandir, devant moi que ces destinées du plus bas au plus haut touchent au profond, en rappelant que le cosignataire de l'abdication d'un des plus puissants empires coloniaux de l'Histoire, quinze ans avant, cirait, sous-officier, les bottes d'un capitaine pas même aujourd'hui général.

Encore neuf jours d'interrogatoire, de pressions, de brefs passages organisés de camarades blessés au bled. Le trajet le matin est trop court, trop aisé : une embuscade, m'y échapper, je trouverai bien une paire de souliers abandonnés au bord de l'oued ou dans une gorge pour me relacer les miens, une ceinture, des vêtements civils ; repéré, je pourrais, de nouveau en fuite, m'arranger avec n'importe quel camp.

Au retour à la compagnie, j'emplis mes yeux de lumière ; enfermé dans le haut cagibi, je réhabitue mon regard à l'obscurité ; le vol des chauves-souris – ne sont-elles que deux ou plus ? –, couché sur l'amas de couvrantes, j'attends le silence d'après l'extinction des feux pour n'écouter que leur agitation et m'y endors ; le lendemain soir, la hauteur du plafond me transforme en figurant de tournage du film Le Vent de Victor Sjöström, j'y prends les gestes, les mimiques des principaux protagonistes et leur parle leurs paroles sous-titrées, femme, mari ; malgré l'angoisse, des airs, des motifs musicaux passent ma gorge puis ma bouche, je me reconstitue des morceaux entiers, brefs, de piano, de chant avec piano, puis d'orchestre, de plus en plus avancés, variations, développements ; dans le noir, je me faufile dans de grands et moins grands tableaux du Louvre, pose ma main sur les draperies, les nappes qui y pendent des tables de Véronèse, sur les objets brillants, me cache dans les blés de L'Été de Poussin, me blottis contre l'âne du grand Gilles de Watteau, reçois au visage le sang des cavaliers turcs des Massacres de Scio ; mon petit bâtard ne gratte plus la porte, un camarade libérable l'a emmené avec lui et le portera à mon père en métropole, ils traversent en ce moment la Méditerranée.

Si le feu prend au bâtiment principal de la compagnie, penseront-ils à m'ouvrir la réserve ?

Routes, rues se vident, chacun reste chez soi, aux aguets, les commerçants descendent tôt leurs rideaux de fer, les têtes, partout, tournent sur les côtés, vers l'arrière, vers le bas, vers le haut ; mais, sur les monticules fumants autour desquels tournent des rapaces que le Printemps fait sortir de leurs repaires, vieillardes et enfants dépenaillés crochètent leurs abats avariés dans les vomissures.

Au secret

Un matin, l'heure passe du départ pour l'État-Major :
à midi, des camarades ouvrent la porte, m'emmènent me
laver à l'abreuvoir, puis, sous le regard souriant du capitaine, à travers la grande cour, vers la sortie est du camp
où stationne d'ordinaire la jeep de l'État-Major, mais ils
me poussent doucement vers les cuisines où des camarades, torse rouge nu, touillent viande noire et fayots
dans des grandes marmites sous feu de charbon dont je
vois les boulets incandescents ; avant l'entrée des cuisines, un escalier de pierre face à une décharge perpé-
tuelle de restes végétaux et carnés d'où sourd sur le béton
un mélange de jus, de graisse, de sang vers la dalle du
haut de l'escalier, descend vers une cave fermée d'une
portière de gros barreaux de fer : le chef de poste du jour
l'ouvre avec une grosse clef ; l'espace est moins étroit
que la réserve mais la voûte, suintante, est basse ; les
murs sont de petites pierres moussues, le sol, bombé, de
terre battue ; face à la portière, une paillasse – de son,
je sens l'odeur –, à même le sol ; un camarade de notre
chambrée m'apporte de nos sous-vêtements kaki de
rechange, une couverture ; serai-je à nouveau interrogé
demain ?

Le chef de poste me montre – il n'en a pas le droit –
son cahier d'ordres : me sortir le matin sous fusil chargé,
tirer en cas de tentative de fuite ; toutes consignes écrites
en rouge souligné. J'apprends, des camarades, que j'ai
une peine de trois mois de cachot *au secret*. La porte se
referme sur moi.

Sauf en cas d'orage et de descente d'eau sur les marches et sur mon sol, j'ai obligation de maintenir la paillasse face à la porte ; toute l'après-midi j'inspecte les murs dont quelques pierres, disjointes, pourraient servir de cachettes.

Les ombres des camarades cuisiniers circulent sur le haut des marches, j'entends comme un sanglot : en est-ce un dont la fiancée, dans une lettre, l'abandonne et que ses camarades charrient d'obscénités ? Ce sanglot, très bref, c'est aussi le mien, hier, à la moitié de la séance d'interrogatoire, quand le colonel, tirant une lettre de l'une des sœurs de ma mère, emprisonnée à Fresnes sous l'Occupation, aujourd'hui soutenant, cachant des Algériennes engagées dans l'insurrection, ici, s'indignant de ce qu'on expose de tout jeunes Français à perdre leur âme dans la répression, secoue la lettre, la relisse sur son sous-main, en moque les mots, simples, chrétiens…

Ayant tenu neuf jours, je faiblis, le temps de ce sanglot – que, se taisant soudain, les deux prennent pour une reddition.

Et moi-même ici, dans l'obscurité descendante du cachot, ne me le reproché-je pas ? L'humiliation, le doute me saisissent tout entier : que ne les ai-je, devant moi, ces deux humains, mes aînés, pour y reprendre, à chaque fois, le goût de répliquer, d'oser contester, nommer même les mots, les noms de l'insurrection et de la guerre dont la hiérarchie nous interdit l'usage. De quel droit, moi, non blessé, juger du bon droit d'insurgés en armes ? frais citoyen d'une République éprouvée, griffonner déjà contre elle de petites esquisses de fiction « irresponsable » ?

La rage d'avoir peut-être cédé, au moins de leur avoir donné cette illusion, me maintient debout ; j'explore, tâte du talon, de la semelle le terrain qui m'est imparti pour trois mois : tout espace est doté d'une évacuation, je la recherche ; aux angles du fond, des bouteilles vides roulent sous mes semelles : ancienne cave à vins ; je ne me rappelle pas que le capitaine y ait fait enfermer l'un des nôtres ; la prison pour ivresse ou autre, c'est plutôt au corps de garde : il faut me séparer du reste de la compagnie, me cacher au plus bas.

Entre le dîner et l'extinction des feux, dans le couchant allongé, des camarades de notre chambrée viennent, court-vêtus, s'asseoir ou s'accroupir sur les marches, me regarder manger mon assiettée : l'un d'eux m'apporte un reste de petit bloc de comptes périmé trouvé dans la cuisine et un petit crayon dont je devrai soigner la mine ; je les place derrière l'une des pierres disjointes du bas du mur ; mangeant, l'assiette aux genoux, devant eux, demi-nus, peaux, regards, yeux brillants, je nous ressens esclaves, gladiateurs ou fauves en attente fatale et joyeuse d'un réveil sous le fouet et d'une matinée de sang.

Le chef de poste, eux partis, ouvre et descend fouiller literie, angles, me fouiller ; trois fois la nuit, il descend, sans ouvrir, braque sa torche sur moi couché, sous la voûte – où je distingue alors des insectes, des vers. Il en court et s'en tortille sur la terre battue : comment en garder l'espace de ma couche à même le sol ? Le lendemain, un camarade de la garde de nuit me tend à travers les barreaux une bouteille de liquide répulsif dont j'imprègne le sol autour de la paillasse.

Le doute, la honte, la rage me tiennent éveillé ; je détache la petite pierre du bas du mur, prend le bloc de couleur orange, écrit suite aux restes de comptes, de kilos, une première note : *Rien n'est pur* ; ni eux, ni moi, ni moi surtout ; personne pour m'assurer dans ce qui reste de mon moi : la certitude de quelques faits, l'indépendance proche d'un peuple dont c'est le droit, mon désir de créer ; entre ces deux réalité, l'une collective, l'autre individuelle, je ne suis rien ; mon corps même m'échappe, mes nerfs en contraignent l'usage : et ce bref sanglot du dernier interrogatoire, comme je voudrais remonter, comme pour le vol, le temps et revivre la scène à mon avantage, à celui du moins de la Cause à laquelle ils me rattachent et dont cette faiblesse d'un seul a pu réduire la force collective.

Une après-midi où j'entends les éclats d'une petite fête des sections, depuis ma paillasse qui s'humidifie, je vois les ombres de nuages noirs passer vite sur les marches, derrière les gros barreaux où sur l'un s'est collé un gros escargot monté des quelques touffes du bas de l'escalier ; comme sur les champs du Wessex où Jude et Sue traînent sexe et refus du sexe ; j'essaie de reconstituer une grande scène du *Jude l'obscur* de Thomas Hardy, avec orage, pré, coteaux de village, heurtoir de maison socialement interdite, fatalité sociale, infanticides latents.

Mais Jude et Sue, tout empêtrés qu'ils soient dans la fatalité dont le temps les charge, comme ils sont humains, vivant des passions lourdes, dignes du Jugement suprême, quand moi, enfermé, à peine sorti d'une adolescence passive et téméraire, tourmentée et joyeuse, par des adultes gradés, décorés, en avancement assuré, dont je ne peux encore concevoir qu'ils sont mes concitoyens, indigne même d'un procès même seulement militaire, prise presque misérable d'officiers de renseignements confirmés, « lâché » – du moins n'ai-je plus aucun signe de lui – par un capitaine auquel j'ai donné ma sympathie, prêté mes rares journaux, brochures, je n'ai même plus, en ma possession, mes blocs de notes, d'esquisses dont je tire mon identité, la preuve que je vis.

Tonnerre, éclairs, subite, violente odeur des végétaux, de l'eau, de la terre, de la pierre, des cuisiniers assoupis sur leurs paillasses au-dessus ; l'averse frappe la pénéplaine, les marmites en attente d'être récurées entassées dans la courette, le vent tord les branches des eucalyptus ; la fête – quelques airs de Gloria Lasso et déjà d'un Johnny Hallyday que les camarades de la chambrée écoutent alanguis sur leur paillasse, à « Petit Bal » sur leur transistor, le samedi soir – redouble, son poussé contre le fracas de l'orage : dansent-ils déjà, enlacés selon leurs préférences grotesquement mimées, conserves de maquereaux au vin blanc ouvertes sur la toile cirée de la table commune, aux grésillements des appareils de transmissions ?
Ceux des « commandos de grottes », réduits maintenant au déminage, se sont-ils mêlés, eux les durs en treillis retaillé, à la piétaille des Engins ?
L'eau grasse dévale les marches vers le bas des barreaux : comment lui barrer le passage ? La cave peut-elle se remplir comme un trou avec moi dedans ? Des os des quartiers de viande retenus en cagibi ouvert pour être traités en cuisine roulent déjà dans l'eau qui enfle, tombent d'une marche à l'autre, cognent le bas rongé des barreaux, l'eau rougie avance sur la terre battue, je soulève

ma paillasse, l'appuie, en hauteur, au point le plus élevé du cachot : creuser à la main un chemin dans la terre battue pour y dévier le cours de l'eau pourrissante vers les côtés immédiats, vers la retombée du bombé le long du mur ? Vers le fond, l'eau y stagnerait, éloignée de toute lumière asséchante. Je creuse, avec mes ongles bien repoussés – la colère des derniers jours y a pourvu.

L'eau, grasse, rouge, odeur de sang, précède mes doigts.

Dehors, l'averse diminue, cesse, j'entends coasser les grenouilles du marécage de sous le mirador, un rayon multicolore de l'arc-en-ciel diffuse dans la courette où brillent de grosses marmites éparses ; l'eau recouvre toute la terre battue, trempe le bas de ma paillasse, croupit déjà dans les angles, flotte au bas des murs d'où tombent des vers.

Des rangers raclent le sol dehors, grincent, lustrés, à hauteur du soupirail, je reconnais ceux des commandos : j'ai entendu qu'informé – par qui ayant pu consulter mon misérable dossier ? – qu'une note de mes blocs saisis le citait comme cible de mon ami FSNA déserteur vers l'ALN – comment aurais-je pu rédiger une pareille note sur un bloc auquel je n'avais plus accès ? –, l'un de ces commandos, plus occupé de mettre en valeur sa beauté que de faire fructifier les fruits de son cerveau étroit, cherchait à me nuire et à entraîner ses camarades de section que j'avais accompagnés comme radio-transmetteur dans certaines de leurs missions pacifiques d'après le cessez-le-feu et qui m'avaient montré leur amitié pour ce que je leur avais écrit leurs lettres d'amour à leurs fiancées au bord de passer dans les bras d'autres ; ces rangers qui s'accumulent contre le soupirail, est-ce de ceux qu'il aurait réussi à convaincre de me tourmenter ? Je me déplace vers un angle le plus proche du soupirail, presque dessous : à l'opposé, au fond, ils pourraient, à plat ventre, m'y voir. L'arc-en-ciel dure et colore même le dessus des rangers et l'ourlet des treillis retaillés, mais, né et élevé dans la nature, je sais que l'orage va reprendre ; de la fête que l'interruption de la pluie a déplacée vers la cour de derrière le PC, j'entends les transistors poussés à fond, des cris, pâteux, des râles prévomitoires, puis, isolés, des aboiements : des chiens des abords du camp, de croisement sauvage avec des chacals eux-mêmes mélangés de chien domestique, se seraient-ils mêlés à la fête pour en tirer des déchets de nourriture, ou y auraient-ils été attrapés pour y servir de partenaires de danse ?

À nouveau, tonnerre, éclairs, averses, l'eau reremplit les bas des murs du cachot, submerge le bombé : avec quoi l'écoper et où la vider ? Je cherche, tâtonne : un trou vers un sous-cachot, une oubliette, un ossuaire privé d'un des fondateurs de la ferme ? La moindre faiblesse de sol que mes doigts détectent est fouillée, en vain : en cas d'inondation, les cuisiniers cuvant leur vin entendront-ils mes appels ?

À une diminution de l'averse, j'entends un aboiement qui se déplace, se rapproche du soupirail, un aboiement long comme à la lune ; une masse est tirée en haut des marches, l'aboiement modulé par les soubresauts de la tirée ; dans l'obscurcissement de la lumière pour une nouvelle averse, je vois la masse débarouler les marches, c'est l'un de nos camarades, le plus jeune, d'une section des Engins, torse et pieds nus, le short d'été léger lourd de pisse abaissé sur les reins, une laisse au cou, aboyant vers une lune prochaine depuis son visage frais, soucieux et riant, d'enfant ; le chef de poste du jour, qui, seul, a la clef du cachot, menton couvert de vomissure, peine à trouver trou de serrure ou cadenas ; la porte à barreaux poussée, le corps roule à mes pieds sur la terre battue ; pourquoi mettre au cachot un camarade ivre avec accès de lycanthropie et qui ne cesse de vomir ? Est-il à rejeter de la compagnie comme moi ?

Je demande de l'eau pour qu'il puisse en boire et se laver son devant de corps couvert de vomissure, une bassine pour qu'il y vomisse ; tout m'est refusé, on me dit qu'on viendra reprendre le corps demain matin, dégrisé ; et on reverrouille le cachot.

La fête a cessé, la nuit commence, les chacals piaulent dans les massifs d'avant la mer, une chouette passe au-dessus de la cuisine, j'entends même le battement de ses ailes, mais, les cuisiniers ronflant déjà, elle s'éloigne du secteur empuanti, libre vers l'intérieur de l'agglomération pour y prendre de quoi nourrir ses petits ; le camarade, à genoux sur le bord du bombé de la terre battue, vomit dans la rainure inondée du bas du mur, à chaque spasme retourne vers moi retenant ma paillasse debout contre le mur son visage épanoui, lumineux, un peu ridé au front, grands yeux désolés, confiants, une fossette encore un peu rieuse, et aboie à une lune qui, d'à travers les barreaux, éclaire, de derrière le bas de sa colonne vertébrale, le haut de sa touffe de cul conchiée de sang. Ayant vomi et aboyé, il pâlit et verse sur le côté, se déploie sur la terre battue, jambes ouvertes, membre en érection, râle, tremble de tout son corps, gémit, sanglote des pleurs doux, longs, d'enfant ; ainsi se débarrassent-ils en cachot souterrain de ceux qui leur font peur ou leur répugnent, mais j'en sais assez pour craindre que son accès, non soigné, n'empire en démence ; les camarades de la chambrée, dégrisés, ne viendront-ils pas s'asseoir, avant l'extinction des feux, sur les marches, pour deviser ? me passer, à travers les barreaux, de quoi éponger et nettoyer notre aire ?

Rien que le chef de poste, à l'haleine alcoolisée, braquant sa torche sur les angles, les murs, sur moi tirant la paillasse vers le haut du bombé dont j'ai, à pleines mains, écarté l'eau qui se mêle de la vomissure du petit, qui s'est replié dans un angle pour y finir d'expulser ses filaments ensanglantés.

Moi qui prévoyais d'exercer ma mémoire en fredonnant puis dirigeant de mes musiques familières, je dois trouver comment dormir à deux sur une paillasse étroite et éviter que le camarade ne me vomisse dessus ; je dois aussi l'apaiser, apaiser son petit hurlement : je m'agenouille devant lui, me mets à aboyer doucement en écho de ses plaintes aiguës que le vomi en gorge éraille ; mes aboiements faiblissent, se font plus doux, plus tendres, les siens aussi et, vers le milieu de la nuit, lune pleine dehors, nous nous endormons, chacun sur le bord de la paillasse, fesse à fesse, dans l'air fétide que la brise de l'avant-matin entre rafraîchir ; au réveil, tout barbouillé de vomi, du front aux orteils nus – on me l'a poussé dedans tel quel, dans sa posture de loup, creusant le sol détrempé de la cour de ses ongles de mains et de pieds –, il lance sa bouche vers le quart de café sucré et bromuré que l'un des camarades de mirador nous apporte auprès du chef de poste plus conciliant que celui de la veille, boit, revomit mais ne hurle plus.

On me le fait disparaître : une jeep démarre – vers l'hôpital de la Division. On m'emmène à l'abreuvoir que les averses ont fait déborder, sa surface glauque sera mon seul miroir durant deux mois ; mais comment nettoyer mon cachot ? On roule sur les marches un rouleau de paille, on me descend un sac de sable de la bordure du camp : vers midi, la chaleur, forte, ayant commencé à assécher l'eau du bombé, j'ai distribué paille et sable dans les rainures envomissurées : la vermine s'y met.

Je m'efforce d'oublier le reflet de mon visage : le sanglot que je leur ai consenti me dévalue, moi, mais tout me porte à croire que je défends, témoigne, même maladroitement, d'une bonne cause historique : ce que j'ai lu, relu, de la conquête initiale, cruelle, des répressions pour la maintenir, des spoliations, du mépris de l'Histoire de l'Autre, de la conscience historique de l'« indigène » par la France et, ailleurs, par les autres puissances coloniales, le spectacle de la rue, des comportements, des gestes, le contraste entre une langue française – même dévoyée dans l'ordre militaire et la fanfaronnade extrémiste – dominatrice et un langage arabe, berbère infériorisé, pitoyable et menaçant, ce que j'ai vu dans le bled et su des exactions sur un peuple soumis à deux terreurs, tourmenté de deux appartenances difficiles à concilier, confirme ma foi dans l'indépendance : la magnanimité de ce peuple qui distingue ses tortionnaires de la France et des Français qu'il aime, nous, Français, nous n'en serions pas capables du quart.

Certaines nuits plus chaudes, inquiet de mon bloc enfoncé derrière une pierre du mur, à tâtons je recherche un lieu plus sûr, une anfractuosité peu visible même sous le faisceau de la torche, les insectes courent entre mes doigts comme des mots qui m'échappent, les vers s'y tordent comme des phrases : tout retenir de mémoire ? Mais j'ai déjà à y retenir les morceaux de musique que je reconstitue, thèmes, motifs, développements, variations, fredonne ou dirige debout, à l'écart de l'ouverture à barreaux : les pièces courtes des premières années de création de Robert Schumann, avant le mariage, Variations Abegg, Papillons, Allegro, Carnaval, Fantasiestücke, Scènes d'enfants, Arabesque, je les fredonne, les tapote même sur un reste d'étagère à bouteilles ; les cinq variations de l'Andante con moto du quatuor La Jeune Fille et la mort de Franz Schubert, si souvent, ma mère vivante, au collège, fredonnées, chantées, et, alternativement, par deux ou trois amis et moi, dans la nature, je me les rechante, et le Onzième Quatuor, le « Serioso » tout entier ; pour l'Après-midi d'un faune, pour Le Sacre du printemps, pour la mystérieuse et « philosophique » Quatrième Symphonie de Beethoven, il faut me lever et presque danser ; pour les Images pour piano de Debussy, à l'étagère ; quand je pense avoir manqué un développement, je recommence le tout. La mâchoire me point de mâcher toutes ces musiques.

Ainsi fais-je avec l'écrit : les dernières scènes, en traduction française, de La Mouette et de La Cerisaie, dans le Tchekhov apporté par un ami à la mort de ma mère, je les retrouve, les parle ; La Jeune Captive, d'André Chénier – et son premier vers : « L'épi naissant mûrit de la faux respecté » –, les Chimères, Aurélia, Kubla Khan et sa première strophe reprise dans Citizen Kane dont je me refais les scènes de fond...

Un camarade, ayant refusé de me conduire à l'abreuvoir sous la consigne écrite en rouge souligné « tirer en cas de tentative de fuite », est incarcéré un jour et une nuit avec moi : d'une voix très douce qui sort d'un cou puissant, il me raconte son apprentissage à l'École de la boucherie, les instruments, les chairs, les cartilages, les os, les entrailles, les abats, où et avec quelle force il faut porter la lame, puis, sans espace, les appâts de sa « souris » dont, libéré, il veut faire sa fiancée ; grands yeux bleus franc-ouverts, il me la détaille, membre à membre, zones pelues, zones fraîches, la peau, comme elle recouvre les articulations, le cœur comme il le voit battre dessous, comme il peut y garder sa grosse main douce plus de trois morceaux de slow sans danser, sur le banc du dancing ; il voudrait faire descendre cette main plus bas mais il me regarde par en dessous, et c'est à la montée du bleu dans la nuit que, couché le long de moi et sans me regarder, il me décrit l'organe, sa forme, sa fente, son pelage, comment il en joue, doigts, lèvres, langue, dents.

Indépendance

Au début du Printemps – poussées d'herbes et de petites plantes entre les pierres du mur et sur la terre battue du souterrain où commence à pourrir la paillasse –, muté sous le prétexte que mes notes mises au jour par mes interrogateurs du Deuxième Bureau, mes propos et mes actes m'exposeraient, libéré, aux représailles de mes camarades abusés, les plus violents, on me fait, avec le canon braqué sur moi du FM d'un sergent-chef d'active souvent ivre, traverser le centre de l'Algérie par-dessous la plaine de la Mitidja, dans une jeep sans escorte. M'a-t-on rendu

141

mes lacets et ma ceinture ? De ce qui reste de mes affaires – papiers, brochures, courrier confisqués par la Sécurité militaire, petits objets de troc entre soldats –, qu'ai-je avec moi si j'ai quelque chose ? Mon petit chien, que fait-il à cette heure : à peine arrivé dans notre bourg natal, il se sauve dans la montagne, s'y ensauvage, de son origine chacal il se nourrit de charognes, mais, du renard dans son sang, tourne autour des poulaillers.

Le Printemps m'éblouit – moi qui de deux mois de cachot souterrain n'ai pu tâtonner que la terre battue, les murs, la paillasse, le plus souvent dans l'obscurité, je voudrais toucher ce qui est aussi nouveau pour moi, les remontées de désert vers les hauts plateaux, de sable roux sur la terre bleutée : comment, dans les secousses de la jeep décapotée, l'air de la course qui me rentre dans les narines, la bouche et les oreilles, garder à l'esprit l'angoisse de mon état ?

Je ne sais rien du lieu où l'on m'emmène – à quelle distance d'ici et pour combien de temps (voire d'années ?), pour quel travail de force ou prison ? –, et même si l'on m'emmène quelque part.

Mais l'indépendance, le bonheur de ce peuple, je les veux, de plus en plus ferme à mesure que je m'éloigne des lieux de mon humiliation ; le chauffeur Millet, le sergent-chef stoppent pour pisser : le « vieux » – quarante ans à peine –, recru de beuveries en Indochine, tarde à évacuer, son FM secoué sur son épaule ; de la pierraille noire en contrebas ; le moteur de la jeep tourne au point mort ; tentation de l'évasion – même emballement que dans les rêves du présommeil ou de l'assoupissement diurne : bosquet sur la pente, quoi en bas ? forêts, gorge ? troupeau ? mais « trahir » et me retrouver seul, vêtu militaire, dans le Cosmos, avec le doute toujours au corps... ne suis-je pas en train d'expier ici mon outrecuidance avec d'autres faiblesses de naguère ? et comment me débarrasser de ma sujétion à tout ?

À quoi serais-je utile dans l'autre camp ?

Plus loin, à notre gauche, est-ce déjà le long et haut massif de l'Ouarsenis ? à notre droite, dans la plaine qui s'ouvre, le fleuve Chelif au-delà de la route et de la voie ferrée Alger-Oran où brille le rapide « Inox ».

La chambrée, dans laquelle on m'assigne le châlit inférieur d'un superposé du milieu de la rangée face aux fenêtres, est organisée dans un bâtiment bas à l'entrée du camp, près du bureau de compagnie, sous le fortin nord – en cas de rébellion, tout y est près pour réprimer.

Ma ceinture et mes lacets me sont rendus, mais pas d'arme. Fenêtres enfin ; et, sous la couverture – inutile par tant de chaleur –, le drap cousu en « sac à viande ». Ma couverture de cachot, là-bas, ne l'ont-ils pas brûlée ? ou resservira-t-elle à transporter les quartiers de porc livrés par l'Intendance ?

Plutôt le collectif que la solitude. Et, pour mes camarades de chambrée, je le sais, peu importe le motif – politique – de mon emprisonnement si je m'y suis opposé à l'autorité. Aux « croques » : ainsi le contingent nomme-t-il les officiers et sous-officiers d'active.

Presque tous ici sont des justiciables, du civil ou du militaire : certains ont choisi de s'engager plus tôt pour réduire leur peine civile.

143

Le gardien de la chambrée – moustiquaires trouées – dont le superposé est le premier à gauche en entrant, sous la première fenêtre : D., casquette de commando posée à l'envers, reins agiles – il saute d'un seul bond sur le haut du superposé – et face lisse ; ses yeux ne voient l'humain en l'autre que pour le torturable (malheureux prisonniers en sa main et quel malheur d'être né cruel – et pauvre) ; tout de lui est cruauté : voix, gestes, poses, son odeur même, son haleine ; ses mains, on les voit plongées dans le sang, ses phalanges, ses poignets crispés dans l'étranglement, ses doigts à nouer le lacet, le nœud coulant, à ouvrir et fermer les robinets de la baignoire, à appliquer les électrodes ; l'entrejambe d'un qui pédale la gégène et qui viole ; ses dents, on les voit à couper le nerf ou autre qui retient encore le membre mutilé, ses rangers à fouailler les reins, ses semelles à écraser les faces, son sexe à rechercher le plus innocent ; rictus permanent, comme reste du plaisir à torturer ; de quoi est-il puni ? de crimes en métropole ou de trop de cruauté en AFN ?

D'origine espagnole, des Asturies, le plus taciturne, de haute taille, visage adolescent toujours levé et fier, a tué sa mère ; celui qui pleure la nuit, dans la moustiquaire au haut du superposé dont j'occupe le bas, jugé pour récidives de proxénétisme, se désole d'avoir tiré sur une cigogne et de l'avoir tuée : comment, disent de plus avertis que moi, peut-il séduire, avec sa bouille ronde et ses cheveux brosse et sa pleurade, à moins qu'il n'ait hérité d'un père ou d'une mère une gestion de cheptel ou qu'il n'ait ce qu'il faut où il le faut.

À ma droite, B., bagarreur du square Saint-Lambert, grand, tout de guingois, teint de taudis, yeux, peau, gestes tendres, dans le civil télégraphiste au ministère de l'Intérieur, de quoi est-il justiciable, orphelin recueilli par une voisine repasseuse, écrivant ses devoirs dans les vapeurs du fer et du chou ?

À ma gauche, le Guadeloupéen V., noir, qui rougit quand on ne fait que lui parler : on voit le sang affluer vers les pores ; debout, assis sur la sienne face à la paillasse où je lis allongé, il me regarde lire en cousant et recousant son treillis : quand je dévie mon regard de la page vers lui, je rencontre ses yeux, larges et sombres comme s'ils jugeaient les personnages qui s'y font jour dans les lignes et voulaient leur donner un autre destin ; on dit qu'il a tué.

Le cruel, au fond, raconte comment il a « estourbi » le berger et sa bête, et fait les bruits avec sa bouche et ses poings.

Mais, de nuit, je me lève pour regarder de près, dans un rayon de la lune, un grand gecko ventousé à un angle du plafond – dans la cave, ce n'était, vers la fin, que vers et, malgré la toilette, quotidienne ou bihebdomadaire, à l'abreuvoir sous garde avec fusil chargé, des vers de viande tombés de la voûte et, dans mon sommeil, s'insinuant sous les ongles de mes orteils. Il faut qu'il soit en confiance pour se lécher ses paupières transparentes avec sa langue, et il me communique la sensation que je suis à nouveau un être humain, voire il me le dit quand, lui descendant un peu sur le mur, j'approche mon oreille de son ventre qui bat combien de fois plus vite que celui des gars endormis, que j'ai eu raison, que j'ai le droit d'avoir raison ; je marche entre leurs respirations : la chaînette en travers du cou avec la plaque d'immatriculation

– un numéro pour identification rapide en cas de démembrement ou de carbonisation de notre corps – tinte un peu au retournement du corps pour le rêve ; leur nudité expose ce tremblement, ce nu de nu de ceux que la Loi a meurtris, menacés, touchés.

Moi, doute qui se retire, eux condamnés, réprouvés jeunes – que penser de ceux de sentiment trop faible pour éprouver compassion envers ceux qui, de trop de sentiment, tuent... Ici, sous le petit vent volontaire de l'avant-matin qui traverse les vitres renversées, égaux, bons et cruels, dans le rêve où, ainsi que dans toute la petite enfance, l'être est agi par les forces de sa vérité, sous la paume d'un Dieu providence des meurtriers.

Une chouette crie dans le conifère attenant au fortin : je la vois traverser l'éclat de la Lune et fondre sur sa proie au sol ; de quoi d'autre d'inanimé pourrait-elle se nourrir sans périr et ses petits avec ?

Des camarades, plus âgés que moi de deux ou trois ans en raison d'un sursis que j'ai refusé et logés dans les communs de la cour, avertis par l'un des leurs du bureau de compagnie, viennent, après le dîner du lendemain, me chercher dans la chambrée et forcent l'interdiction qui m'est faite de me mêler à ceux, plus jeunes, de ma classe 60-2 A, casernés dans la cour de l'ancienne ferme où s'est établie naguère la compagnie : ceux-là sortent de leurs chambrées aménagées dans les écuries, les bûchers et autres réserves à outils et petites granges, quelques-uns sortent même, tant il fait chaud, leurs lits picot sur le sol troué de la cour, et, miroir au poing dans le crépuscule si long, s'apprêtent pour la toilette d'avant le coucher

– comme s'il fallait, dans la nuit et le rêve, paraître beau pour sa fiancée, pour sa « souris » ou pour sa mère. Dans les remugles de bouse ancienne, la cour sent le savon et plus. Ph., P., M. – non-violent, muté politique comme moi, mais ancien ici et admis en cour –, nous parlons bas d'architecture, d'agronomie, de géologie, d'hydraulique, d'autogestion. À peine le rose du couchant s'éteint sur les massifs d'outre-fleuve que s'y allume le rose du matin.

Nous aurons, d'autres « politiques », M. et moi, à nous soumettre chaque semaine à une dictée faite par un officier supérieur venu tout exprès d'Orléansville : suivie de questions aux réponses écrites desquelles il jugera des progrès de notre dangerosité, ou du contraire.

Premiers jours : travaux de force ; suis-je admis au lever des couleurs ? Mais, dans le mouvement accéléré de l'Histoire et le réchauffement du sol, les règlements se suspendent : nous pouvons même, sous protection d'un mirador détérioré, descendre nous baigner et laver du linge dans le fleuve, entre femmes, mulets, chevaux, ânes, hérons, reprendre pour moitié du vêtement civil. Officiers et sous-officiers survivent dans l'incertitude, contraints, eux-mêmes fatigués d'une guerre gagnée au front mais perdue au politique, à nous manier avec plus de précaution ; déchirés, sur un sol qui ne sera bientôt plus dans la République – on ressent, sous les pieds, ce glissement d'un territoire national ancien sous le nouveau –, entre une autorité suprême lointaine, une autorité provisoire algérienne réputée corrompue, une Force locale contestée, un peuple solidaire de ses maquisards mais déjà doutant de ses futurs gouvernants divisés – révolution ou démocratie ? –, une ALN puissante et sur la défensive politique, leurs propres supplétifs pouvant, pour faire oublier leur engagement français, se retourner contre eux, et un contingent loyal au gouvernement républicain ?

Je suis appelé au bureau ; c'est pour me remettre, réexpédié de mon ancienne compagnie, un colis, envoyé par une famille chère ayant remplacé la mienne : déjà ouvert, son contenu dispersé sur la table du sous-lieutenant ; je dois lui donner des explications sur chaque objet – fait-il lui aussi de la fiction ? Un petit saucisson – « jésus » – de Haute-Loire, un tricot tardif – devrai-je passer encore un hiver sous les drapeaux ? –, une pipe et un volume de Faulkner, Le Domaine, récemment paru : qu'est-ce que ce Faulkner ? De ce que je sais de l'histoire de la colonisation française et européenne, de l'Algérie, de la conquête violente, des spoliés et des profiteurs, des petites et grandes propriétés, de la domesticité urbaine et rurale, des liens entre assujettis et maîtres, et de ce que je connais de Faulkner, ayant lu L'Invaincu et un peu d'Absalon !, je me prépare à parler du « Sud » mais, à son accent pied-noir, je me retiens de lui répondre, craignant que l'évocation d'un peuple vaincu pour sa faute inextinguible ne lui fasse croire que je pense au sien et qu'il ne me dénonce comme réagitateur : sensation de mon idiotie ici à me ressentir inférieur à qui porte galons et dévoie, dans les ordres criés, notre langue qu'avec son territoire porteur je commence alors de rejeter : quelle autorité autre que divine pourrait alors me faire courber la nuque ? pas même celle de l'Histoire de la France qu'ici, pour

148

une part d'entre eux, ils déshonorent et font déshonorer. Retour donc au petit jésus d'Yssingeaux – mais pas trop parce qu'il pourrait me le confisquer et me le manger.

Malgré qu'on me défende d'approcher la moindre machine de transmissions, je commence le livre dans le local radio de Ph. : au son de sa guitare, que je transforme en celui d'un banjo du Sud, je lis les premières pages – qu'il me faille attendre ma libération incertaine en Novembre pour, dans la langue d'origine, voir ce que c'est, comment ça chante et bouge et se colore… ! Mink Snopes, le procès, retour sur son assassinat de Jack Houston, les motifs : la vache, les piquets de clôture.

Illumination : c'est de la bête que je dois faire une œuvre, de l'idiot qui parle, du « rien », encore un peu de psychologie française, de « personnages » – c'est dans le 4 × 4 de commandement que j'ai écrit, quelques mois auparavant, en attente du chef de bataillon, le prologue d'un livre à paraître deux ans plus tard –, et bientôt l'épopée de l'idiot – par l'idiot, détruire l'humanisme, comprendre le monstre politique ou de camp (le culturel n'a pas empêché la pire déshumanisation) –, de l'idée fixe : qu'est-ce après tout qu'Antigone, qu'Électre… ? le Christ lui-même… plus le mental et les préoccupations sont limités, plus le verbe est beau et ample : l'idée fixe comme percée et éclatement du réel.

Rumeurs, troubles, autour du camp, passages agités d'isolés noirs de soleil, d'errance, de faim de cuit, c'est de leur rumination que je ferai ma poésie future.

À la mi-Juin, une partie de la compagnie est affectée à la pose de barbelés autour du sommet d'un djebel assez proche où doit se maintenir une station sophistiquée de radio-télévision franco-algérienne. Est-ce dans le Dahra où Pélissier, futur duc de Malakoff, fait enfumer, en 1845, des tribus insoumises, crime de guerre dénoncé à la Chambre par le fils du maréchal Ney et le catholique Montalembert, « déploré » dans un premier temps par le ministre Soult ? N'est-ce pas, plus proche, la montagne d'El Aneb ? J'ai en mémoire les ubu-abominations des lettres de Saint-Arnaud, le futur sbire du 2 Décembre, à ses admiratrices du faubourg Saint-Germain : « … J'ai laissé sur mon passage un vaste incendie ; tous les villages, environ deux cents, ont été brûlés, tous les jardins saccagés, les oliviers coupés… j'ai passé le fer à la main… […] mon petit Palatinat à moi… […] ah la guerre ! la guerre ! » Tous les régimes du dix-neuvième siècle en France trempent dans ce sang de la conquête de l'Algérie, dernier legs de la royauté bourbonienne, branche aînée.

Quinze jours durant, gantés de cuir et toile épaisse, nous déchargeons des camions, roulons, déroulons de grands barbelés neufs : nous creusons des trous pour les piquets que nous fichons en terre – juchés sur quoi ? – à coups de masse. En contrebas, le blé mûrissant verse et reverse au passage des hélicoptères : bientôt moissonné et tassé en rouleaux pacifiques ; les rapaces tournent et crient au-dessus de nous comme sur de futures dépouilles : Mink charge et plante son dernier piquet dans le champ de Jack Houston.

150

Au petit matin, rosée sur le barbelé ; dans la journée, réchauffement du métal : les pointes percent le gant, les doigts enflent, s'infectent dans le gant.

Où logeons-nous ? tentes ? « baraques Churchill » à mi-flanc de la montagne ou en bas ? Où mangeons-nous ? cuisines en dur, roulantes ? et quoi ? gibier partout mais interdiction de tirer – mais lesquels d'entre nous ont encore leur arme ? Mais de l'artillerie à l'intérieur de l'enceinte protège le chantier : mirador, postes, etc., qui pourraient aussi bien tirer sur nous nous échappant. En contrebas, beaux villages de colonisation, ombrages odorants, torpides ; mais le temps est au qui-vive : villas, fermes, eucalyptus, bougainvilliers, canalisations, fontaines publiques et privées ; propriétés déjà abandonnées : des familles « indigènes » s'installent déjà dans les bâtiments de maître et les communs, dans des écuries à chevaux même (tant elles sont plus belles que leurs gourbis de boue et de tôle) : enfants haillonneux dans les pièces, boiseries, carrelages, salons déjà un peu pillés, cris de découverte et de bris d'objets, liquides répandus, vins, parfums, bocaux de zoologie, ce sont d'abord les objets les plus modestes qui sont choisis et pris, les plus précieux c'est pour plus tard – et par d'autres qu'eux, les nouveaux puissants.

Un soir, dans le lent crépuscule, nous remontons d'une buvette vers le camp le long d'une canalisation en pente où l'eau rouge et noire emporte des pétales roses d'un jour ; vers la droite, à flanc de colline, outre un camp de roulottes de rewels qui se lavent et jonglent avec leurs singes, une grande villa blanche et rose ; nous avançons entre les massifs abandonnés ; d'un appentis sous eucalyptus nous parvient une petite mélopée ni française ni arabe :

une fille, très pâle, se redresse, nue, de l'intérieur d'une baignoire de fonte noire ; un petit enfant, noir, joue dans un emmêlement de châles roses, mauves, bruns : du sang immobilisé sur l'épaule de la fille ou mère ; ce ne peut être du couchant très rouge ; détonations en contrebas.

Grand air, travail dont on voit l'avancée : on compte ainsi la distance en jours qui nous séparent de la liberté, mais la mienne est incertaine.

J'avance, mes doigts enflés aux feuillets, le soir, dans le temps de bagne de Mink dont les doigts travaillent trente-huit ans le coton. Comme je le comprends. Mink au juge : « ... M'embêtez pas... » Je lui envie le sens de son droit humain, celui de ne pas être humilié plus qu'il ne le mériterait, celui d'exister, le droit d'aller, ni fier ni humble, d'avancer, de respirer, autant que les autres, il m'aide à retrouver ce sens de mon droit, que toutes les autorités – celles du moins qui ne comprennent pas que je suis « autre » – jusque-là m'ont dénié.

Nous rédigeons le « Père Cent » qui marque que nous sommes à cent jours de la « quille », de notre libération : feuillet double, dans le style du bulletin paroissial, pour beaucoup d'entre nous référence littéraire avec ce que nous nommons « bouquins », les romans-films dont nous nous torchons : entre autres rubriques, chacun d'entre nous y est doté, avec son accord, d'un sobriquet ; ainsi notre camarade F., grand Alsacien blond soucieux de son sex-appeal, y est nommé « Cadum et bal musette » ; moi, c'est « Mes prisons », du livre de Silvio Pellico. Nous recevons l'objet ronéotypé le jour où je reçois au courrier celui de mes camarades de Grande Kabylie avec un mot et mon sobriquet « Mange-croques », et la signature de tous ceux du camp, excepté celle du beau retaillé plus habile à couper, dit-on – mais ne retaille-il pas ses actes comme il fait retailler ses treillis au plus près de ses formes belles ? –, les oreilles de ses tués.

La veille du vote du 1ᵉʳ Juillet, contre les superposés où ils préparent leur petit ballot – cadeaux aux enfants, cigarettes et solde –, nous essayons de convaincre deux de nos camarades supplétifs – dont nous ne connaissons pas les états de service – de ne pas monter voter au douar ; le plus âgé, quarante ans, père de famille, crâne affligé d'une pelade, un plus jeune et plus petit, bouclé, à lunettes, soutien de famille très nombreuse : eux qui nous étaient un peu indifférents – âge plus avancé, statut militaire déconsidéré –, ils nous deviennent chers, et nous pour eux ; impossible de les retenir, ils veulent faire leur « devoir de citoyen » ; ils veulent aussi voir leurs enfants ; de l'aîné, je peine à détacher mon regard de sa veine jugulaire qui enfle quand il parle en écumant un peu.

Feux dans le djebel d'avant la mer : le soir nous apprenons qu'ils ont été suppliciés et égorgés.

Nuits du 1ᵉʳ au 2 Juillet, du 2 au 3 : afflux de villageois aux grands yeux épouvantés, femmes, enfants, vieillards, vers nos murs barbelés ; une femme tient au bout du poing un turban ensanglanté, crie « baba ! », des enfants se faufilent entre les barbelés, grimpent et sautent au milieu de nous ; les ordres radio, vocaux confirmés par morse, que

Ph. transmet au capitaine, sont d'empêcher toute entrée : l'indépendance est votée, reconnue et proclamée, nous sommes en terre étrangère – et si c'était des égorgeurs ? des pillards d'armes ? Deux nuits durant – officiers et sous-officiers dorment ou veillent, enfermés –, cœur battant, nous recherchons ou improvisons des voies de passage et des caches pour les moins valides, les trous-galeries horizontaux de dessous la cour, les tas d'ordures, les amoncellements de mécaniques agricoles ; à l'aube, les muscles de nos bras nous cuisent d'avoir, ventre au mur, tiré, tenté de soulever et soulevé les corps valides et invalides, la peau de nos bras imprégnée de bave, de vomi, de chique, de henné. Il faut rire, pour rassurer et se rassurer – les enfants nous y aident – mais bas.

La ligne de la route longeant la voie ferrée, dans l'obscurité, loin, face à nous, au bas de l'Ouarsenis : nous craignons qu'elle ne s'anime de civils ou de soldats avançant pour la vengeance.

La chouette maintient son cri, dans les diminutions du son, mais son terrain de chasse est comble d'êtres humains pourchassés ou craignant de l'être.

Sous quelle autorité vivons-nous maintenant ? Celle de la France a cessé ; celle de l'Exécutif algérien, mise en place en Avril sous la présidence d'Abderrahmane Farès, avec sa Force locale – beaucoup de jeunes Algériens sortent de nos rangs pour la rejoindre –, n'est-elle pas déjà recouverte par celle de l'ALN et du GPRA, lui-même divisé ?

Des fortins, nos camarades de garde tiendront-ils ? Le terrorisé déclenche le tir plutôt qu'il ne fait s'abaisser le canon de l'arme au-devant de laquelle il avance avec sa sueur renforcée.

Rumeur des massacres, loin, selon les accidents du terrain : le son monte ; mais, là-haut, la rumeur des massacres sur piton, couronne de pleurs, de cris, comme une offrande à quels dieux ? un plateau exalté de forfaits.

Le 5 Juillet, fêtes de l'Indépendance à Orléansville : nous y allons, nous quatre, accoutrés mi-civil mi-soldat, en stop ; le chauffeur du camion transporte des habitants d'un douar revêtus de blanc ; dans leur joie, ils nous serrent contre eux, sortent de leurs gandouras les photos d'enfants dont ils nous disent qu'ils n'auront plus à monter au maquis et vivront dans une Algérie heureuse. Les femmes suivent entassées dans un car dont les parfums versent dans les tournants. Sur place, poumons exaltés, je photographie les défilés de combattants, d'enfants, de jeunes filles. Nous, alors anti-France, anti-Occident, anti-nations, nous voici au septième ciel d'une nouvelle nation qui s'enfante d'elle-même devant nous, contre nous, avec nous.

De retour au camp – feux dans la montagne, au nord, au sud –, nous trouvons les locaux des officiers éclairés mais fermés : eux qui ont vaincu par les armes, se voient-ils à nouveau trahis par les politiques, les diplomates ? S'en veulent-ils d'être restés loyaux au pouvoir légal quand ce pouvoir leur interdit de secourir ceux qu'ils avaient pour mission d'apprendre à défendre la France ?
La garde est-elle renforcée autour de l'armurerie ? Quels ordres grésillent dans le local radio ?

Depuis le camp, midi et soir, nous cherchons l'odeur, proche – de l'autre côté de la route et de l'autre côté du fleuve –, du blé déjà haut et doré : du sang, les bêtes s'y cachent, des recherchés, des pourchassés aussi.

Le blé sera-t-il partout moissonné ? Les canalisations de la grande hydraulique seront-elles toutes récurées ?

Dans Oran, suite à une panique – provoquée ou spontanée ? –, près de deux mille Européens – beaucoup descendus du bled pour s'embarquer pour la France – sont massacrés, certains écorchés vifs, pendus aux crocs de boucherie.

Au soir du 7 Juillet, sur la radio, Ph. capte une station espagnole où est annoncée la mort de William Faulkner le 6 ; nous faisons, au bas de la cour vers le fleuve, à l'écart des trous, un dîner de tous, lits sortis dehors avec les moustiquaires flottantes, pour la libération de l'un d'entre nous, apprenti boucher, de sang chaud, qui dans le même temps que ses papiers reçoit une « bafouille » de sa fiancée le quittant pour un autre : chaleur, salade géante de concombres, merguez – mais nous les ressentons sous la dent faites de chair humaine, tant, tout autour et depuis les montagnes vaporeuses, nous parvient la rumeur des règlements de comptes collectifs et individuels. Et nous racontons à nos camarades quel « Vieux Maître » – ainsi Mink nomme-t-il son Dieu de Justice, qui ne punit pas à tort et à travers – le monde vient de perdre.

J'ai mon Domaine dans une poche large, profonde, de mon treillis contre ma jambe, je l'en sors :

« Lis-nous, Pierrot… lis le bouquin ! »

Le bordel bien sûr, mais trop long – Madame Reba, maîtresse putain –, et eux et nous si avides de filles et peut-être choqués ? Mieux vaut lire la fin, actuelle dans ce temps de haine, de joie bonne pour les uns mauvaise pour d'autres, de qui-vive, de honte et de terreur pour beaucoup, pour les prochains suppliciés encagés là-haut, liés les uns aux autres en attente d'être battus, brisés, broyés, mutilés, énucléés, écorchés, ébouillantés, rôtis et rendus en restes sans forme ni couleur ni odeur reconnaissables ou cendre à la terre – mais sommes-nous d'âge à « pardonner », ni à penser que « chacun fait ce qu'il peut », ni à penser la mort et la fatigue de vivre et d'affronter...

Et, sans me lever du banc, et Ph. pinçant un peu les cordes de sa guitare en blues, je dis :

« C'est Mink, dans le Mississippi, il y a treize ans de cela, en 1949, il est sorti du pénitencier après trente-huit ans, il revient chez lui pour tuer son cousin Flem qui l'a abandonné au procès ; il le tue, retourne à sa terre, s'y étend... » Et je lis, avec peine mais dans un souffle libératoire, tant aussi en deux ans, sous assujettissement, notre langage s'est réduit à peu, mais en écartant de cette fosse commune ma mère ensevelie en France – en moi :

« ... dans la terre déjà pleine de gens qui avaient eu leurs soucis et étaient libres maintenant, de sorte que c'était le sol et la terre maintenant qui avaient les ennuis, les soucis et l'angoisse avec les passions, les espoirs et les craintes, la justice et l'injustice, et les chagrins, et que les gens étaient bien tranquilles maintenant, tous mélangés, pêle-mêle, sans inquiétude et personne pour savoir ou se soucier de savoir désormais qui ils sont, lui-même parmi

157

eux l'égal de tous, aussi bon que n'importe qui, aussi brave que n'importe qui, inextricable, anonyme parmi eux tous : les beaux, les splendides, les orgueilleux... »

Exode

Les camarades, couchés sur des tas, certains short ouvert pour on ne sait quelle fille volante à l'organe chaud comme un four, chauffent leurs membres recrus aux rayons déjà rouges ; par le petit vent et les couloirs végétaux, l'odeur de la mer, plus puissante ici sur le bord africain, l'énorme masse de faune et de flore sous-marine, des épaves (de bois, de fer, de bronze, d'acier, d'argent, d'or de trois millénaires assurés), de l'autre côté, la liberté, la responsabilité retrouvée, et son accomplissement, chair, nerfs, muscles, os, organes, membres encore en croissance, cerveau, cœur, fatigue impossible, faim de vie, libre, espaces à franchir, connaissances, connaissance ; et très vite, hors d'Europe, hors d'Occident, hors langue maternelle, mort impensable pour soi ou héroïque, immunité du corps.

Treillis et chandail vert, sandales, chapeau de brousse au ceinturon.

Je vois, plus loin, vers les terres, et contre barbelé et mur, un passage dont une part est souterraine, des bouffées de chaleur, des restes de la canicule d'automne ; j'y vais, avec un camarade ; depuis trois mois je lui écris – jusqu'à l'enveloppe –, ses « bafouilles », lettres d'amour à sa « souris » de métropole : dès que je sors des formules d'usage chez les appelés pour des aveux plus précis – sa dent –, il me reprend ; je voudrais enfin voir de cette terre interdite où nous vivons asservis ; le passage descend, les parois de terre rouge se resserrent, de la broussaille humide s'y referme au-dessus de nous, un chant d'oiseau s'y interrompt – de rivage ? de terre ? dérouté par les tirs ? la rumeur, les cris, les coups ? Du peu que nous savons du désordre en cours à portée de notre voix...

Mes cheveux repoussés abondants, depuis qu'on me les a rasés au cachot – pourquoi ici laissés repoussés au-delà du réglementaire ? ils n'osent plus toucher un cheveu de ce contingent dont l'obéissance à la République les a privés d'un nouveau coup d'État –, s'emmêlent dans la broussaille épineuse, le camarade comprime son halètement – qui se change en mousse à sa canine extravertie –, se retourne, m'aide à démêler ce que mon père m'empoignait enfant, « comme il est noir ! », pour m'étreindre. Lui revenir soumis, jamais ! Mais l'aimer plus. Et, comme Absalon, m'accrocher ces cheveux dans ma fuite définitive – mais que voulais-je de lui ? –, hors de lui, de son odeur aimée, tabac, médicaments, matières d'accouchement, odeur des autres, des paysans, des bêtes, des bois, dont celle de notre mère, jadis mêlée, s'est dissipée, tout est affrontement, tout doit l'être, pour tout.

Les camarades, depuis leur assoupissement un peu ivre – bière, vin bromuré –, nous engagent à revenir dans l'enceinte.

Je me baisse sous une ronce, la plaque d'immatriculation glisse hors de l'échancrure du chandail et balance et heurte un reste de clôture en travers du passage ; le camarade, entre ses grosses mauvaises dents : « ... Les gus, en opé, ils se la serrent ! » Une rafale, vers la mer, qui bute qui ? Envol d'oiseaux au-dessus, leur ombre sur nous ; le passage s'approfondit et c'est comme si la broussaille, les parois se refermaient derrière nous comme les flots de la mer Rouge sur Pharaon, mais l'air est si doux, chauffé tout le jour et rafraîchi, si parfumé, si chargé de pleurs, torture, naissances, joie, exil – si près, les paquebots chargent.

Lui, qui, depuis l'Indépendance, et plus se rapprochent le retour à la responsabilité, l'étreinte, exclusive, de sa « souris », a cessé sa ritournelle : « je baise jusqu'aux chèvres ! », avance ses poings fermés, sa canine presse sa lèvre (de combien de filles blesse-t-il les lèvres rouges, des filles qu'il dit emballer ?) : « J'veux pas t'ennuyer, Pierrot, mais ça sent la fille ! » Pourquoi m'appelle-t-il par mon prénom au lieu du « La Classe » en usage entre nous tous ?

Sait-il déjà quelque chose du lieu vers lequel nous progressons ? Aurait-il profité de mon désir de voir « du vrai, du civil » – fût-il en état de guerre –, pour « chasser », sous couvert d'enquête ? Qu'importe, ses raisons valent bien les miennes, si confuses.

Le couloir, de plus en plus humide, remontera-t-il vers la surface ? Nos semelles frappent de la boue : en guerre, en guerre civile, tout est suspect, du sol aux cimes, la boue, noire, n'est-elle pas du sang ? ce passage, un lieu de fin de poursuite de gibier humain, d'abattage, de lutte, d'égorgement ? Des mines ? Notre œil de soldat du Génie Opérationnel de Zone aurait-il déjà oublié ? Ces concrétions, ces lambeaux qui pendent à la broussaille, des éclats de cervelle séchée ?

Des morceaux de figuiers de Barbarie, avec leurs fruits pourrissants sous mouches, leurs épines saines, en long tas devant nous, marcher dessus pour avancer ? Ne vais-je pas risquer en un acte prématuré, de pur désir – que je pourrais reporter libéré –, mes chances de libération au terme légal ?

Le camarade, lui, seulement repris naguère pour des égarements de beuverie, tentatives publiques d'accouplement avec chienne et chien, chèvre et bouc, motifs d'excès sans conséquence politique, ne peut craindre de voir son temps prolongé, l'Armée soigne les déficients sociaux ; pour moi, il y a un compte à régler, je suis vu comme un complice intérieur, mental, de la Rébellion, de la subversion, de ses massacres, de sa victoire, du déshonneur de l'Armée, de l'exil des Français d'Algérie, de la perte de l'Empire. Rester tendu en prévision du pire, ainsi vivé-je depuis l'enfance.

Mais une rumeur de fête européenne – religieuse ? – au-delà du tas, de la ligne d'eucalyptus dont l'odeur, au pré-couchant, se renforce, d'immeubles dont les terrasses de toit rougeoient, nous fait avancer, monter sur le tas incertain, bourdonnant, y marcher, en enjamber les parties épineuses : avons-nous quitté l'enceinte du camp ? y sommes-nous encore et le barbelé loin devant nous ?

Le camarade, frottement de son bas de treillis retaillé, à couvert, un instant, de la rumeur, tripote dans sa poche de hanche : son membre déjà ? menue monnaie pour les enfants ? pour une boisson ? Ses doigts gras – à midi, viande noire, pâté Hénaff à 16 heures – sortent un petit miroir tout plastique que, marchant, il élève devant sa face en sueur ; des doigts de son autre main – l'annulaire y manque : insuffisant pour la réforme ? –, il recoiffe sa tignasse, à lui aussi repoussée, relisse les mèches, en

161

plaques sur ses tempes ; sa dent externe, qu'en faire ? un charme pour la fiction, mais pour le réel immédiat ?

La broussaille s'élargissant, la rumeur augmente ; un bruit de moteur, de pétarade ; la tranchée où me retient une odeur de pourriture, pourtant ordinaire sur ce territoire tragique – décharges sous canicule, charniers supposés, dépouilles ignorées de triple guerre civile. Une route, tout juste regoudronnée – persistance de l'administration –, civile, c'est que nous sommes hors enceinte militaire, en territoire algérien souverain – comment nous faisons-nous, depuis le 5 Juillet, à cette transformation sous nos pieds ?

Traverser ou reculer ? De l'autre côté de la chaussée, des massifs d'arbustes séchés ou brûlés, au-delà, de la musique, des voix foraines, des raclements de micros, un chœur de petites filles trop amplifié ; entre les massifs, plus loin, des entrées d'immeubles de couleur ocre... Rien à gauche que l'éclat du soleil, rien à droite qu'une brume déjà obscurcie tombée du jour rapide – vers Alger.

Dans cinq semaines, si je suis libéré, à moi, à nous, ce monde d'au-delà de la chaussée encore fumante, mais alors au-delà de la mer, hors guerre, en métropole apaisée, au destin immédiat assuré, amis d'avant, camarades d'ici devenus amis, rues, places, fêtes, cinéma, livres, enfants, filles, draps, lits, verres, vêtements tout civil, liberté d'aller, épaule allégée de son arme, tête de ses casques, sans papier autre que celui de citoyen, sortir à l'aube, rentrer à l'aube – ce sera presque l'hiver –, le Louvre, les ponts, écrire...

Traverser et, moi au moins, risquer d'y perdre ce rêve ? Attendre encore : et au moment de la libération, si l'autorité me retient, les camarades feront front pour exiger mon droit.

Parce que soudain, sa semelle sur le goudron, il hésite, se frappe le ventre et même tremble un peu – ses joues gonflent –, j'avance, cœur calmé, enjambe d'un point dur à un autre, saute dans le fossé où, sous le sec, du spongieux grouille de vers. Lui, derrière, souffle sur les essaims qui ciblent sa tête grasse, sa bouche jamais fermée, son moignon de doigt, sa braguette recuite.

Un passage de béton et nous voici, entre des bougainvilliers, face au premier immeuble de ce qui serait une cité de personnel militaire français ? Enfants, parents nous dénonceraient-ils ? La rouille dans nos cheveux, à notre poil, dans les plis du treillis, dans nos narines, dans nos oreilles, sous nos ongles, depuis Août, à la compagnie puis à Alger, chargement et déchargement à mains nues, de matériel lourd.

Un ballon tombe, roule jusqu'à mes souliers : pour moi, affligé de myopie sévère depuis mes onze ans, le ballon est un objet hostile, qu'on voit mal venir, qui, projeté à hauteur de la tête, peut heurter les lunettes, les briser, me transformer en animal quatre pattes au sol ; mais ici c'est un objet civil, je shoote et m'y ressens réintégré par avance. Le ballon vole, retombe, disparaît dans un fourré. Un chant dont, malgré la réduction, depuis deux ans, de mon écoute, à de la musique hachée, sur mon transistor, je reconnais le motif, choral du temps de Claude Goudimel, proche de celui, protestant, chanté enfant catholique.

D'où vient le chant ? Le camarade, à nouveau frappant son ventre, flaire dans l'air parfumé de pin une odeur de viande grillée (odeur de corps se calcinant à sec), nous gardons le silence. D'un côté – c'est sur la gauche –, le chant, a cappella, le rituel, les petites filles, la douceur, la réconciliation, de la limonade peut-être... De l'autre, la viande, des hommes, des femmes ? de quel bord ? du vin – sans bromure ?

Moi aussi j'ai faim, j'ai toujours faim, mais, ici, manger en territoire civil ? de la nourriture civile, « libre » ? y aggraver notre cas ? Et si c'était des attardés sympathisants de l'OAS ? Le peu d'uniforme que nous portons suffirait pour qu'ils nous chassent... ou pire. Si ce sont des libéraux, des indépendantistes, voire des maquisards retournés à la vie civile, nous voici, me voici... ; mais de quoi de politique pourrait-on nous accuser : nul n'est plus l'ennemi de l'autre.

Le camarade foule, souffle les essaims enragés. Nous contournons l'immeuble au bas duquel des chiens fouaillent débris, ordures alimentaires ; nous voyant, ils détalent : nos treillis, nos ceinturons ? Un os encore encarné, trop gros pour être d'humain ou de bête moyenne, barre le chemin vers des restes de villa, colonnes tronquées, faunes brisés, charmilles, bassins fracassés, l'espace s'ouvre sur une pelouse asséchée, une longue façade où s'entrelacent, s'enracinent des branchages fleuris – mais de quelles couleurs dans l'éblouissement de la fin du jour ? Un rêve ? Alors c'est que nous sommes encore assoupis, lui et moi – comment saurais-je s'il rêve pareil que moi ou moi que lui ? avec les autres et dans la règle ? L'odeur de viande rôtie s'est dissipée, avons-nous, dans la rumination de notre faim, laissé monter l'odeur dans nos narines ?

D'une grande baie à haut en voûte au rez-de-chaussée nous parvient un son de guitare puis de petit tambour ; le camarade hume la chaleur dégagée par la baie vitrée en vitrail de scène coloniale en haut : « Ça sent la fille, je te dis ! », sa voix s'étrangle, c'est que sa gorge formule enfin d'autres mots que ceux que nous prononçons tous, un langage commun de base, où, depuis deux ans, une douzaine d'expressions, telles que « on n'est pas sortis de l'auberge », suffisent à notre condition d'asservis, la renforcent ; conviennent à toutes les situations, concrètes, abstraites, minuscules, générales, physique et sentiment mêlés, seulement modulées bas ou haut, lent ou rapide, clair ou gras : d'être à l'aventure dans la vie civile, débande-t-il ? lui si hardi pour tenter de s'accoupler rougit à se frotter la braguette avec sa paume.

Son membre, je ne le connais pas, les poils de la chienne qu'il enfourche nous le cachant, ses poings sous la douche aussi.

Cette villa, même probablement dégradée, l'intimide, lui le paysan, comme une maison de maître – il se tiendrait plutôt devant, casquette aux poings, requête en tête.

Derrière la vitre, des formes pâles, des éclats de voix, de rires secoués en course ou étreinte. Salle de jeux de la demeure de famille – sauvée des promoteurs de la dernière heure ?

Tourner les talons ? Un son de tir vers le littoral, un autre vers l'intérieur, les premières hauteurs de l'est d'Alger ? Règlements de comptes ? Pillages interrompus ? Exercices tardifs de la jeune armée algérienne ? Fin de saison de chasse – interdite pendant la guerre ? Du côté des immeubles, bribes de Kassaman – chant de l'insurrection algérienne, interdit encore au tout début Juillet, écouté par moi en mirador avec écouteur de mon Sonolor, chant qui me conforte, moi français, dans mon droit à désirer l'indépendance : pouvoir de vérité de la musique, même martiale.

Le chien qui nous suit depuis le goudron où il a jappé aux essaims, et lassé de s'obstiner sur l'os – de quelle bête ? –, se dresse contre la porte vitrée, la griffe. Les formes s'agitent, bruits de rangement, de corps se frôlant, la porte s'entrouvre – les pilleurs en ont-ils démonté, emporté le loquet ? Nous reculons de côté.

Barbelé écrasé, fossé, chaussée, allée, immeubles, maintenant porte habitée… notre destin peut y changer ; et couteaux, haches, crochets sont à l'œuvre dans le territoire ; et nous avons encore des gorges fraîches. La lumière rougit, les ombres accélèrent sur les bosquets, les pierres… une poitrine avance, hors corsage, une épaule, nue sous bride, une joue, un profil, des cils battent, une bouche s'entrouvre, des narines flairent, un parfum de shampoing frais, une main descend entre des cuisses sur du short léger : jours dangereux, tout ce qui peut être coupé, transpercé, lacéré, tiré du dedans du corps, battu, découpé, arraché, brûlé, il faut le défendre.

Le visage se tourne vers nous, vers le couchant, la poitrine respire : toutes celles que depuis des mois nous avons aperçues, devinées, entendues, senties, espérées, se rassemblent en elle, toute proche, respiration contre respiration, à portée de main, de pied, de bouche, d'oreilles, de narines, peau à peau, os à os, cœur à cœur.

Elle parle, ses dents brillent, ses tétons, au-dessous, sortent aussi, sa main, fraîche – de quoi salie, alourdie ? –, reprend son frottement ; le camarade s'est retiré, retourné je le vois trotter entre façades et palmiers, vers l'angle Est de la villa. Un zézaiement entre les seins cachés de moitié : mouches ? abeilles ? Elle, de son pouce à l'ongle rose, secoue le bord du corsage à brides, le feston : qu'est-ce qui s'envole du creux ombré et se pose sur un téton ?

Que dit-elle, précipitamment, français arabe mêlés – mais parle-t-elle ? n'est-ce pas moi qui la fais parler en moi ? –, elle recule, ouvre la porte en grand sur la pénombre : entre le corsage et le short une peau rose et brune, vermeille pâle et le nombril comme un coquillage à fleur de sable ou d'eau : je vois la fesse, le rein, la croupe, c'est bien depuis une gorge, sa bouche entrouverte, qu'elle « parle » de plus en plus doux maintenant que j'ai presque tout vu d'elle : ma paume veut sa croupe – elle pas assez sortie pour que je puisse la voir –, mes lèvres sa bouche, ma langue sa langue, mes dents – que je ne connais pas – ses dents qu'elle, à chaque miroir, regarde, lèvres retroussées ; mon cœur son cœur. Le reste de mon corps, une levée confuse, indistincte, une efflorescence en accéléré, sève, branches, tiges, tronc ; ma paume, mes lèvres, mes dents, mes narines, mon front, mes joues, sa nuque – si blanche, malgré le soleil, le bain, plus fine, plus lumineuse que celle de Sophie déjà grasse, molle, grossière… : à peine un peu de duvet châtain clair, les osselets affleurant non pour rappeler le squelette mais pour jouer sous les doigts ; des cheveux fins, frisottants y prennent racine, comme éclos au savon de la toilette ; le chien, se secouant, bondit dans la pénombre où le petit tambour a cessé mais des doigts y éteignent le son et traînent dessus.

167

Une fille, enfin, une femme à toucher sans devoir lui parler – et parler en zone de guerre civile où un seul mot peut vous désigner comme ennemi ; rien que du mouvement, du geste, laisser faire nerfs muscles ; mais une aussi fraîche poitrine, se gardant fraîche sous le pire soleil, ne peut-elle pas contenir une parole libre, un entrelacs de délices verbaux à faire se dresser, se dérouler et sortir par le haut ; muette d'avoir trop à dire ?

Muette de guerre ? Bombe ou massacre ? Viol ? Toute infirmité me désarme, me rend à mon cœur, j'y vais comme un frère. Aussitôt, présent impossible, aboli, tout ce qui fixe, le plaisir, la félicité, oubliés, mais la suite, l'après, la conséquence : étreinte, fuite, poursuite, errance, petits, mort sans mort...

En pénombre, où maintenant, sa main – quelle détente dans tout le corps... – à la mienne, j'entre derrière elle dont l'odeur de bain augmente et dans ce parfum une odeur autre et j'entends un bref cliquetis à son oreille – boucles corail ? Mes lèvres avancent vers le haut de ses cheveux, mon autre main s'élève vers sa hanche mobile sous la rayonne fleurie qui l'enserre ; à peine ce souci des restes de rouille derrière mon l'oreille, dans mes narines, les flairerait-elle avant d'y mettre ses lèvres, sa langue ?

Mon cœur si rapide, pourquoi ne me bats-tu plus si fort à me faire pâlir, tomber ? Le membre aura tout pris : n'y plus penser, ne plus penser à rien de moi, corps, vie passée, vie même, que mon membre seul vive... ma pensée, n'y va pas ! mon membre, va plus vite qu'elle, passe devant !

Ici, en ce moment, nulle autre étreinte que du viol... pas d'approches, de toucheries, ni de ce qui fait l'ordinaire amoureux de ceux, du même âge que moi mais étrangers maintenant dans cette métropole oublieuse, en souci de ses seules rentrées scolaire, littéraire, parlementaire, financière.

Une corde à grimper balance à ce qui se distingue comme milieu de la grande pièce, depuis un gros anneau au plafond où se voient des caissons peints ; des essaims tournent autour, heurtés par le gros tressage mais y retournant.

Vers le fond de la grande pièce où la lumière filtre des stores déchirés, une forme, un corps, du même âge, presque semblablement vêtu, mais de peau sombre et sans seins, debout, petit tambour contre pubis : garçon – je ne pense pas à regarder entre ses cuisses –, se serait-il déguisé dans les vêtements de rechange de la petite ? Une boucle des siennes à son oreille ? Un bracelet des siens à son poignet ? Pieds nus aussi, une assiette sur un grand cageot, dont sa main longue écarte le museau du chien qui me gronde après et s'enrage du zézaiement des mouches ; il reste immobile, détourne le visage vers la pénombre : mon treillis, la bride du chapeau de brousse à mon cou ? Mon chandail vert – de confection familiale –, à lui qui paraît s'y entendre en vêtements, ne suffirait pas à le rassurer. Sa bouche se fronce comme son front. De la pénombre sort le bras pâle et frais de la fille, je dois en saisir la main ouverte ; dans les intervalles de l'odeur de grillé de l'assiette remuée par le museau du chien, j'en flaire une de cru, mais en début de putréfaction : une partie mal ou pas cuite du morceau de viande encore chaude dans le fond fleuri ?

169

La main me tire de côté, le pouce frais appuie sur le petit pansement que j'ai encore au creux de la mienne – une blessure par le barbelé qu'en Juin nous avons coupé, déployé et planté à El Aneb ; de la gorge palpitante même hors parole ou déglutition du jeune compagnon sort une suite, haute rocailleuse, hésitante, irrégulière, de fragments de mots arabes, espagnols : désarroi, désapprobation, menace ?

Dans son autre poing, il triture un lambeau de laine bleutée où je vois des traces rouges séchées : en pénombre, des plis du short de la petite me tirant se teignent de sombre ; sa bouche se retrousse toute comme pour un baiser large, ses dents, translucides...

Un coup de vent de précouchant agite les toiles des transats rangés au fond sur le carrelage mosaïque, bascule un cheval blanc et or, les reins de la petite font un va-et-vient de chevaucheuse, ses seins en débordent du liseré du feston, le vertige me saisit à la sueur, je refoule au plus vide de mon esprit la tentation de me laisser tirer vers la non-existence, vers ma disparition du monde. Fixer tous mes sens, un par un puis tous ensemble, vers l'assiette de viande, vers du mort d'abord – le vif, tout y recommencerait ; ce qui m'a servi à surmonter l'inculpation, les interrogatoires, le cachot, à l'instant, si près de la liberté, pourrait me faire perdre la raison – et qui l'a perdue une fois, la perdra à nouveau... Forcer tous mes sens vers ce pitoyable morceau de ce qui fut un animal fier ou bienveillant, vers l'infamie carnivore que tout en moi condamne, pour y maintenir ma raison – dont seuls ceux qui n'ont pas risqué de la perdre veulent nous faire croire qu'elle n'est pas la bonne.

La gorge de la petite émet une sorte de gargarisme, sa main replace l'un de ses seins dans le chemisier, attrape au vol le lambeau que lui lance le garçon.

Un bruit de débris foulés le long de l'autre façade de la villa, côté terre : serait-ce le camarade cherchant à entrer dans la demeure, par une entrée de service – qui lui serait plus conforme ? Entré dans la maison, me prendrait-il plus franchement la fille, me franchirait-il, me détruirait-il ? Son halo de fraîcheur chaude, son histoire, fragile, encore si vague même si sûre, couperait-il de sa voix, de ses dents avancées même, le fil qui la relie à tout ce que j'ai rêvé, dès petit enfant, de plus secret, l'état mi-bête mi-homme, où échapper à toute contrainte, à tout devoir ordinaire, à mon moi rien qu'humain ?

Du bruit là-haut : combien d'étages ? parquets ? carrelages ? D'une fenêtre brisée parvient, renforcée, l'odeur de cru en putréfaction, mais le short de la fille bougeant avec elle qui m'attire dans plus de pénombre, l'odeur de la tache sombre qui s'y étend de pli en pli la couvre, celle qu'on sent dans tout ce qui se parle, s'imprime ici, avec odeur de l'ordure, le sang, pour une bonne part le sang innocent : mais le sang attire le sang, son odeur enivre.

La fille retourne sa poitrine à nouveau rejetée vers la pénombre, croupe cambrée, sa main toujours sur la mienne, de l'autre essuie le sang avançant sur sa cuisse : jusqu'à quand ? N'est-ce que du sang ? Que peut-il sortir d'autre encore d'une fille si belle, si libre sans la parole ? Quel fluide, quelle humeur, quel poison ou philtre ?

Elle si joyeuse, lui si… Qui perd du sang ?

Le cheval bascule encore, un rayon depuis la porte qui grince fait apparaître une tête de pierrot rouge et blanc couché contre le mur avec sa fraise au haut d'un amoncellement de bâches de couleurs, de guirlandes, de lampions, d'accessoires de croquet, de grands albums – de contes, de géographie ? –, de cadres de reproductions.

Tenir la main d'une qui de l'autre s'essuie le sang au lieu qui m'est encore interdit ?

Tout défaire de ce qui me lie, état militaire, surveillance, preuves de soumission, fil de ma délivrance, pour, enfin, à la sauvage, connaître la femme ?

Mais que veut-elle de moi qui fait grincer les dents du jeune, dont le dessus de la main, très veiné, effleure le plat du tambour – le lambeau de laine, d'où l'a-t-il tiré ? d'une poche, de son short un peu ouvert ? de l'échancrure de sa poitrine ? Est-ce le même que la dernière fois ?

Maintenant elle le rejette à ses pieds nus, le chien y jappe, y pose ses griffes, le flaire.

Dehors, par la porte-fenêtre retournée contre le mur, d'un silence soudain – cessation d'hostilités, orage en formation ? suspension générale de l'horrible Histoire ? –, le chant des fillettes se fait ferme, couplets, refrain, résistance, résolution, foi.

Que n'y sommes-nous allés : douceur enfin, confiance dans le Bien, odeurs, parfums de la religion, de ses objets même ici raréfiés – protestants –, bouquets, prépuberté, lieu respectable si nous y sommes surpris et repris, au lieu qu'ici, maison pillée, chair ouverte à portée de main, de bouche, de membre, chien, sang menstruel, borborygmes, inconnu, désir, de qui pour qui ? complicité de mauvais lieu, de pillage, voire de viol...

Sa main se resserre sur la mienne, tout mon corps, douloureux du talon à l'occiput, en frissonne, c'est la première, de fille, depuis vingt-quatre mois, sauf en rêve ; mais depuis si longtemps je n'en serre plus, de garçon – sauf dans les deux permissions, amis retrouvés, amis nouveaux... Camarades, gradés, nous nous saluons. L'extrême, permanente promiscuité – jamais seul, sauf en mirador : chiottes même – abolit la poignée de main.

Vais-je devoir parler ? Même si mon bégaiement a diminué avec la raréfaction de notre idiome de soldat, comment répondre à temps et à dessein, même à ces deux dont l'élocution est détruite ; même si le bégaiement me rend proche d'eux – comme de toute infirmité –, plus sûrement que tous les discours, exemples enseignés dans l'enfance.

L'escalier, court, monte vers plus de pénombre comme descendant vers une cave : ses marches sont revêtues de vrai marbre, ai-je le droit d'y poser mes semelles ? Tout ce qui a l'apparence de l'officiel, du licite, de la loi, de la hiérarchie m'est devenu interdit, et ce marbre en est sur lequel, sa main bien fermée sur la mienne, l'autre encore occupée dans son short, elle pose et repose ses pieds nus, doigts plutôt, talons levés – si elle les baisse c'est qu'elle veut que nous nous arrêtions et... : pour ce qu'elle veut, mieux vaut, pour moi, que ce soit où ça prend, plutôt que sur un support ordinaire, commun, lit, canapé...

Mais que veut-elle, avec ses deux seins débordant et luisant, vermeils, en pénombre, et dont une odeur de maternité déjà se dégage quand dessous, d'entre ses cuisses, monte, en même temps qu'un petit son de poil frotté, une odeur impossible à fixer, d'entre chair de mer et bouse fraîche pour le meilleur ? Je sors, moi, le camarade aussi, de dessous le jet dont on nettoie les engins, vingt-deux mois de vie collective, asservie, de nuits en sac à viande, de nuits en mirador par tous les temps, de sauts en et hors véhicules, de chantiers, d'exercices, de rapports garde-à-vous, d'appels, pour moi deux mois de cachot souterrain en plus de mes trois incarcérations en métropole, angoisse, ruse, dérision, jeunesse, m'ont-ils fait un corps ?

Bégaiement, lunettes, maintien d'étudiant sans l'être, privé de ses avantages, mais restes de joie de vivre, de drôlerie verbale, de mime, hormis ce que la fille mûre du « Sphynx » a voulu me tirer d'entre mes cuisses et qu'elle n'a pas même regardé, mais, rien que, franchement, de toute sa face fraîche ouverte, la mienne, avec un petit rire à grelots...

Au palier, dans la pénombre accrue, je devine un grand coffre espagnol avec ferrures, copie d'ancien ? non pillé ? inouvrable ? Quoi dedans ? Le sait-elle ? Elle aussi que ferme son infirmité ? Un animal fuit entre mes jambes, un chat, queue levée, entre mes mollets ? Au-dessus, du bruit, des pas, des frottements. En bas de la courte volée de marches, le jeune, maintenant debout sur les longs pieds nus, dans un rayon rose du précouchant, elle, respiration accélérée à la poitrine dont je vois un des gros tétons collé au feston du chemisier fleuri ; sa main retient le lambeau de laine dans le short court presque transparent, le chien y fourre le museau – pourquoi n'a-t-il pas happé la viande dans l'assiette ? Préfère-t-il le sang frais à la chair cuite ?

Une forme allongée en deux parts est sous les plis sur le côté de la cuisse : entre les cuisses, rien qu'un renflement ; les yeux brillent en amande sous des cils peints, peu de sourcils sous les mèches noires frisées mais du poil noir entre les côtes fragiles – presque jusqu'au cou.

Elle, retournée, d'une main levée qui chasse, émet des borborygmes et fait de l'écume à ses lèvres, lui recule vers le rayon plein, elle, de son pied nu, tape le tapis, épais sous mes semelles, lui recule encore derrière le rayon, le museau du chien accroché à sa poche.

Elle me reprend la main dans la sienne, plus chaude, m'emmène, assurée, dans l'obscurité : nous frôlons des meubles, bords de fauteuils, dossiers de chaises, vases lourds, portes d'armoire ouvertes, je distingue des tableaux larges, encadrements que j'imagine dorés, les regarder de près, forcer mes yeux à nu à en percevoir des couleurs, des formes, des croûtes de peinture peut-être, enfin un peu d'art, à toucher ; la queue du chat remonte jusqu'à mon genou ; la petite me reprend la main ; j'entends le froissement de la toison au bas de son ventre et, d'une faible lueur d'un objet doré posé sur du bois noir, je vois sa croupe se recambrer au miaulement du chat, un peu de sa chair plissée d'entre short et chemisier. Le couloir – ou bien n'est-ce qu'une partie d'un grand salon ou autre, cette demeure en est-elle une, ou moins privée ? –, mes pieds chaussés s'y réhabituent au tapis, continue sans jour au bout : à gauche, à droite, des portes aux encadrements robustes, sur quoi ouvriraient-elles ? Pas de lueur sous le bas – fenêtres, volets clos ? –, des tableaux, des gravures aux murs ; vers le haut, vaguement, des appliques

– de métal ? de bois ? de stuc ? J'approche mes yeux, lunettes à la main, gravures peintes ? Par les couleurs, un peu par le dessin qu'elles reconstituent, je vais au centre. Chasse ? Chevaux, mythologies ? Un grand tableau, cadre doré ouvragé de motifs floraux : remparts, chevaux, ombrages orientaux, reddition soumission de tribus soulevées, burnous, têtes enturbannées courbées, d'un côté, képis, épaulettes, galons, sabres pointe au sol, décorations de l'autre, feuillets en mains dominatrices, chevaux cabrés.

Un bourdonnement : des mouches à l'étage ? des essaims se heurtent aux objets des murs mais leur direction est sûre... Les corps, les dépouilles que je devine au fond du tableau, des deux côtés, harnachées de l'un, demi-nues de l'autre ; à l'horizon, des flammes et des files loqueteuses qui s'en échappent ; les décorations sur les vareuses un peu chiffonnées du premier plan glorieux, ganaches bientôt chamarrées dans les bals des Tuileries et des préfectures ; vergers, moissons, saccagés.

La main de la petite me tire plus loin, vers des odeurs de bains, mais moins fraîches que je ne le voudrais ; la lumière devrait nous revenir, par des fenestrons embués, balayés de l'extérieur par les palmes, du carrelage blanc ou bleu, mais c'est toujours l'obscurité un peu éclairée par les couleurs des tableaux, par sa nuque à elle et par sa face quand elle me la retourne avec son petit rire roucoulé ; me tirerait-elle vers cette salle de bains que j'espère et crains : garder, elle, sa mine un peu mâchurée, paupières, orbites, commissures des lèvres, narines même, que je vois dans l'obscurité mieux qu'au jour puisqu'elle y respire plus proche de moi, marquées de petits points de crasse gris – comme sur d'autres, de rousseur, que la toilette effacerait, cette crasse, ce suint, ces griffures dans lesquels elle paraît se plaire comme Diane à la chasse ? Mais, pour moi, un bain enfin dans une conque mais de quelle eau – empoisonnée, non contrôlée (surveillants tués) ou mêlée de sang ? – dans ce territoire en changement de base, de cœur, de Loi ? Et, nu dedans, vêtements, effets dehors, sans défense ni recours devant les factions ou recherché retrouvé par une autorité militaire d'autant plus dure qu'elle agirait sous permission en territoire étranger, l'extraterritorialité française s'étant rétrécie.

Je l'entends flairer, saigne-t-elle encore ? Le garçon est-il bien contenu en bas, avec le chien ? Le chat se refrotte au bas de mes jambes mais ne relève pas la queue ; oreilles couchées : une proie, proche ? Au-dessus, à nouveau, on tire des formes pesantes sur du sol – d'une terrasse, déjà, ou d'un étage habité ? L'obscurité change ; sur la droite, un battant de fenêtre bouge, des stores grincent : le couloir a cessé ; à l'air plus large je ressens que nous pénétrons dans une pièce grande : se garder donc des meubles que le pillage aurait épargnés, avancer mains et pieds et genoux en avant, mais elle dont je devine, éclairée par le seul éclat de sa peau, la nuque à peine duvetée, intacte de toute soumission, mais en haut d'un dos qu'en bas j'ai vu un peu voûté, comme d'une bête habituée à chercher au sol, avance librement, mais avec des écarts qui libèrent l'odeur de ses cuisses, de ses plis, de ses aisselles : à chaque pression de ses doigts sur mes phalanges, un grommellement vers l'aigu fait bouger sa nuque, découvre un peu de son épaule, les seins, au-devant, sont-ils sortis ou les a-t-elle réenfouis dans le chemisier ?

Jusqu'où jusques à quand me laisser ainsi conduire dans l'obscurité par la main d'une fille muette dont le sang me devient une odeur familière ? Pas une glace au mur, ni de miroir sur meuble pour capter un rayon, même détourné, de ce précouchant d'automne en bord de mer qui ne durera pas. Encore un grondement de mouches vers le haut.

Mais, devant moi, après un mouvement d'obscurité – ses cheveux secoués ? –, une lueur, joues et narines et bouche brillant de leur seule chair, de sa profondeur fraîche et ferme, plus haut, les deux yeux, grands ouverts, l'un plus gris que l'autre, du rire dans l'iris ; mon cœur n'a plus battu aussi fort depuis la signification de mon inculpation en Avril – mais c'est quand il bat le plus fort, au risque de rompre, que ma raison est la plus claire, la plus ferme : le sang l'impulse, la nourrit.

Ses lèvres remuent, se retroussent, je baisse les yeux vers l'échancrure du chemisier, les seins y poussent l'étoffe fleurie, un en sort dont je peux voir l'aréole fauve à téton rose bleu, elle le soutient de sa paume renversée, un peu de sa langue forte se faufile entre ses dents dont une fin de rayon filtré par le store agité par un petit coup de brise détaille une cassure dans l'écume qui monte de la gorge.

Un coup de brise encore : un oiseau, empêtré dans les lattes du store, se débat en pénombre, de grandes ailes, peu de pattes, une hirondelle à la migration contrariée, s'élance vers le haut, heurte ce qui sonne comme un lustre, s'y assure, les ailes rebattent, de la fiente nous tombe dessus, petits cris, vol vers ce qui pourrait être un buste ou une sculpture d'animal, de groupe animal, loin derrière la petite dont un sein reste pris dans le chemisier au feston un peu noirci de nourriture, de bave de sommeil, d'envie.

Mon bras libre, je le retiens d'essayer d'attraper l'oiseau, un réflexe depuis l'enfance et que j'ai gardé dans les chemins, dans les jardins, dans les parcs de Paris.

L'hirondelle s'est-elle posée, aplatie sur le plateau d'un meuble ? dans une coupe ? S'est-elle laissée glisser derrière un tableau incliné vers l'avant ? De près, sentirait-elle les espaces aériens terrestres, les espaces aériens maritimes traversés en bandes, à son odeur, aux parfums intacts de sa gorge, de ses ailes, deviner un peu de son lieu de nidification ? grange dauphinoise, villa balnéaire bretonne ? âge ? Voir son œil, plaisir jadis d'y maintenir son regard, comme dans celui des vaches, des plus petits animaux, libellules, grillons, grenouilles, pour y trouver le signe de notre ressemblance, de notre fraternité, de notre égalité – leur vie enchantée dans les airs, dans les souterrains, dans les joncs – : cela c'est pour bientôt, la délivrance dans la vie civile.

Bruissement de la touffe entre les cuisses, roulement des seins, mousse aux lèvres, petites palpitations des ailes – l'oiseau réfléchit, sa tête bouge-t-elle dans le noir (l'est-il pour elle ?), résiste à l'assoupissement (tant d'heures au-dessus des rouleaux, des vagues, de l'écume)... la laisser s'endormir ; la petite, a-t-elle entendu le vol, les heurts, les petits cris ? Ses narines ont-elles perçu l'odeur de l'oiseau, sa peau le remuement de l'air au-dessus de nous ? Ses doigts se délacent des miens, sa paume s'ouvre sur la laine usagée du chandail au lieu de mon cœur qui se réemballe : depuis si longtemps, aucune main sur mon cœur, sur ma joue, rien que de la main d'homme sur mon épaule : oser poser la mienne sur la sienne dont deux doigts triturent le trou que j'ai dans la laine verte ; j'ai, dessous, un reste de maillot kaki recuit de rouille, de sueur – nos sous-vêtements à nous de la compagnie flottent à sécher sur des fils face au baraquement, les mêmes relavés depuis des mois –, y chercherait-elle un trou pour y passer un doigt à l'ongle plus long qu'on ne le voyait aux filles du Milk-bar et recourbé ? pour toucher ma peau à cru : épaules recrues, nuque, j'attends sa main ; des seins – comment peuvent-ils ainsi se gonfler se durcir pour moi ? – si proches, et, au-dessous d'un ventre un peu avancé dont j'ai vu, en bas, le nombril innocent, ce fouillis de chair, externes, internes surtout, de touffes, dont le magazine pornographique de 1954-55 feuilleté au collège m'a donné l'image d'une petite boucherie à laquelle il ne manquait que la lame pour la creuser et la rougir encore plus.

Y risquer ce membre par l'érection duquel, depuis la prime adolescence, et le désir attenant dans tout mon être qu'il maintient jusqu'à son extinction, je tire les prémisses des figures, lieux, actions, verbe surtout, de ma poésie future ? Comme céder à la femme – et j'en éprouverai toute ma vie le manque et l'humiliation – attendrirait mon cœur, réduirait sa capacité, son devoir d'empathie universelle au profit d'un amour unique, consacré ou pas – même traversé de passions adjacentes avec leurs drames stériles –, continué dans une descendance, d'un soutien réciproque dont je ne veux pas, relâcherait la tension nécessaire au grand œuvre spontanément transgressif, me contraindrait à écrire de la fiction sage, morale, de convention, à vie, pour mes obligés. À chaque désir de fille, de femme – désir de garçon, flou, aussitôt transmué en désir, figure de bordel, flou de même (pénétration anale inconcevable) –, ce dilemme, cette tentation et ce refus de l'adoucissement, de mon cœur, de ma vie, entre reddition et raidissement ou redressement – je ferai plus tard l'expérience, cruelle (pour les deux), incomprise, moquée, de cet arrangement, mais le besoin en reste aussi fort aujourd'hui, j'ai pour la fille, la femme, un désir charnel intact, je peux suivre une nuque nattée, une échancrure pleine de sein, un front bombé pensif, un ventre fécond, des mèches autour d'une oreille, une voix d'envie, une main, une poussette : apparitions d'un monde interdit, le « nôtre » pourtant, que les figures, les voix de ma fiction, encore à ce jour inachevée, font redisparaître.

Saigne-t-elle encore ? Saigner et désirer : même sauvage, ne se terrerait-elle pas jusqu'à tarissement de ce sang impur ?

Sa bouche à nouveau, en même temps que son doigt progresse dans un trou du maillot vers ma poitrine renforcée par le travail de force, vers un téton, se fronce autour de la pointe de sa langue sortie, je ne le vois pas je le devine à son souffle rétréci, au petit bruit de succion, au soulèvement de ses seins qui me respirent presque dessus, sur son bras, je perçois une lueur, c'est son cou, qui palpite, le bord de la nuque de sa tête retournée vers un craquement au fond, un pas un peu plus bas dans l'obscurité : un escalier plus petit, depuis la salle de jeux ? Dans une coupe, une vasque, sur un coussinet, dans un tiroir ouvert ? l'hirondelle s'ébat, se soulève sur ses ailes, ma main, que je ne vois pas, avance vers le petit battement, que touche-t-elle ? du pli, des plis, une hanche serrée dans du short, une courbe de fesse qui se redresse vers ma paume, les yeux qui devraient briller, je les vois enfin… des cils battent dessus, croûte aux pointes – mascara, coulées de pleurs, de colère ?

Garder ma paume sur ce bord de fesse, pousser mes doigts plus avant ; et si j'ai pu – par mégarde ? – toucher la fesse, pourrais-je toucher les seins ? plus encore, avancer mes lèvres sur les siennes ? depuis des mois, ne touchant plus que la nourriture, la fourrure ou le museau de l'animal favori, mascotte de hasard ; oubliées de moi, de chacun d'entre nous, sauf de quelques-uns quand ils lèchent baisent l'enveloppe de la bafouille à leur souris.

Qui est-elle ? De quel âge ? Qui la nourrit ? Qui la soigne ? Sort-elle dehors ? Qui comprend ses marmonnements ? Qui comprend-elle ? Le garçon, en bas, un frère de lait ?

Un escalier, au fond possible de l'obscurité, craque, le doigt sur ma poitrine s'immobilise, le souffle raccourcit, doigt, main descendent le long de ma hanche, y reprennent mon doigt, ma main, les tirent. Un peu de lueur rouge – plus la nuit presse, plus la lumière revient comme du parquet, des murs derrière les objets, les tentures, tapisseries dont je sens tissus, couleurs onduler d'un souffle, exhaler des odeurs de Sud extrême – éclaire un resserrement vers lequel elle m'entraîne ; l'odeur de bain, déjà flairée dans le couloir, se renforce ; mais, passé le resserrement dont le parquet descend un peu, nous traversons une pièce, moins vaste que celle dont nous sortons et où son oreille à elle perçoit, avant la mienne, l'envol de l'hirondelle, le heurt de son corps et de ses ailes au store, la chute sur le rebord de la fenêtre, le battement des ailes, les cris étouffés... le chat s'enfuit entre mes chevilles ; je me contrains à trouver bonne l'odeur que la fille dégage par ses cuisses en mouvement de plus en plus rapide : à son haleine, aussi, un parfum de viande fraîche crue – qui la lui apporte et d'où ? Comment la mange-t-elle ? en assiette ? dans sa paume ? Depuis l'entrée, sa première apparition, fraîche, de fille d'après-midi, est-ce moi qui exacerbe sa sauvagerie à mesure qu'approcherait le dénouement ?

Les mouches, en petits essaims, nous suivent sous le plafond où des pas s'agitent ; la lueur dorée touche quelques lattes du parquet, un jouet éventré, bébé baigneur au ventre de celluloïd écrasé dont les yeux crevés nous regardent, elle le foule de son pied dont les orteils bien ongulés heurtent aussi le chat au dos hérissé mais qui ne lâche pas son reste d'oiseau dont les ailes battent encore ; un parfum de femme avance derrière nous dans l'obscurité refermée, les doigts frais, forts, de la petite se resserrent sur les miens, sa bouche retournée vers la mienne exhale une aigreur qu'on ne sent qu'aux animaux en rage ; enfin un être qui sent de partout, dont tous les mouvements font des odeurs : le pavillon de son oreille sent la cire, ses yeux, liquides, certaine rose qu'il faut humer longtemps pour éveiller le long parfum de paradis (regard extatique vers Qui ne peut se voir, moins encore se concevoir), chacun de ses seins, chacune de ses aisselles...

La petite, tous seins rentrés, lâche ma main, précipite la sienne sur le loquet, le tourne, pousse la porte, la lumière, rose, rouge, dorée, nous éblouit : longue, large, toute carrelée de blanc, lavabos encastrés dans du bois que je n'ai vus que dans les films, robinets dorés, deux, trois baignoires, larges fenestrons de verre dépoli à poignées, grands linges blancs d'hôtel, les uns pliés en tas sur des supports de métal brillant, les autres suspendus, d'autres chiffonnés déchirés au sol, elle m'y entraîne, cherche de ses yeux dont je vois alors qu'un, sous la paupière un peu affaissée, est traversé d'une ligne rouge que le couchant fait étinceler sous le gris de l'iris : tout ce que j'ai au bas du ventre entre les cuisses, cet amas comme – membre et parties – lové comme un autre corps hors ennui (plus résistant que le cerveau à l'autorité, à l'abêtissement programmé, moins aliénable), que nous avons tous, permanent, naturel, en toutes circonstances, pendant le salut même, les appels, l'exercice, les transports, le travail, se déracine de trop tendre, emportant avec, les entrailles, le cœur... obscurcissement, illumination ; mais elle, qui reprend ma main, le voit-elle, l'entend-elle ? Des traînées de sable au sol, du sable au fond de l'une des baignoires dont la bonde dorée, relevée, est, touchée par un rayon, liserée de rouge avec des mouches qui marchent dessus.

184

Le parfum de femme est à la porte ouverte : un grommellement aigu gonfle la gorge de la petite dont la bouche s'est refermée ; ses yeux et sa main, retirée de la mienne, font vite : un tiroir blanc éclatant à bouton de verre ouvragé est ouvert dans un meuble dont l'éblouissement me cache les formes, elle y jette sa main dont les veines saillent, dos et doigts ; le garçon frétille, enrage quelques mots arabes que je ne comprends pas, sauf la salive qui mousse à ses lèvres tirées où du rouge s'écaille, un petit canif fermé au poing.

Moi, soldat en demi-tenue et sursis de suspicion dans une propriété privée en territoire étranger, de peu celui de l'ennemi, entre une fille muette qui cherche à se défendre et un garçon-fille qui la menace d'un canif, me voici, moi si indécis devant les filles, mis en situation d'en défendre une qui veut quelque chose de moi d'autre, contre un garçon qui le paraît si peu mais ne me veut pas désiré par elle : désiré ? pour le corps ? pour le jeu ? pour ce qu'elle pressent de moi comprenant son cerveau, de moi, narines, le humant presque à travers la boîte crânienne, avec ses manques, ses excès à l'odeur plus forte, y ressentant presque sous les doigts le réseau des neurones conduisant bonnes et mauvaises décisions, marcher ici ou là ; et ne me veut pas non plus la désirant comme il voit, de ses yeux furieux dont le khôl gris huilé renforce l'humanimalité, que, même et peut-être parce que menacés elle et moi, de tous mes muscles, de celui qui de lui faillit, je la désire : la lame est nue devant les plis vides de son short si léger qu'on lui voit le pli de la cuisse ; que mon cœur batte plus fort pour elle, penchée vers le meuble, seins sortis, réduit celui que j'aurais à craindre sa lame à lui ; je vois alors la cicatrice qu'un bourrelet de petite femme déjà de dessous son menton recouvrait, courte, rose : serait-ce là qu'il frappe ? ou, non lui, mais un autre, des autres ? trop profonde et nette pour qu'elle soit d'une griffe de chat...

Jusqu'ici, je n'ai vu à un garçon un tel vêtement transparent que dans la vision la plus floue de mon écriture clandestine interrompue depuis deux ans ; un peu lâche sur les hanches, serré sur l'entrecuisse, quand et pour quoi l'enfile-t-elle ?

Son parfum est-il le sien après qu'il l'a mise au bain, de force ?

Elle prend dans l'amas d'instruments remués – mon père naguère y mettait une main plus sûre, et le son plus doux ici, manches de bois, d'ivoire, de nacre et brosses douces, métal dans celui de mon père – un long rasoir que je n'ai vu qu'à mon grand-père paternel et aux coiffeurs, elle le déplie, me prend de son autre main la mienne, le brandit à son autre poing, lame levée vers le haut ; à travers pièces, couloir, un trottinement de plus en plus rapide, des glissades de griffes et de coussinets sur les parquets : le chien ? Tout près, un miaulement, un souffle craché : mais que ferait un chien d'une hirondelle crue bien entamée ?

Dans un rayon doré, par un fenestron qui s'est ouvert à un coup de vent, les deux lames et, dessous, avec sa grosse odeur de mâle en rut, le chien, croisé de sauvage, déjà, croupe baissée, reste de viande grillée aux crocs, yeux vers la fille.

Le danger me fait lui prendre son épaule qu'elle secoue pour assurer son poing sur le manche ; elle murmure et, ôtant sa main de la mienne, l'avance fermement, index droit, vers la gueule du chien, il penche la tête, geint, lâche le morceau de viande entre les chevilles du garçon, retourne sa gueule vide vers l'entrecuisse, y fouille le tissu ; un essaim de mouches cingle vers la carne : le rire de gorge de la fille lui fait resurgir le sang sur le short vers lequel mon poing, dans l'urgence, commençait à descendre − pour prendre, empoigner cet interdit avant de, plus tard, le regarder, le détailler, l'apprivoiser, le toucher de plus nu que ma main, lèvres, langue, puis membre −, le face-à-face enfin − « puisque c'est l'usage » −, ainsi, cœur, esprit, futur ont, en moi, affronté la poésie.

Ma main sur sa nuque pour, par sa paume excitante, réduire, figer ce sang ? Celle qui voluptualise, apaise, soigne, réencourage.

Mon membre, c'est elle à présent, une vivante, pas un muscle ni du texte. Ni soumise ni asservie − de cet « infini servage de la femme » qui m'interdit, dans le même temps que les figures de l'esclavage (possession de corps humains par l'humain) entrent dans ma poésie pour n'en plus sortir, de poser la main sur elle (le membre mâle, au-dessus, la pénétrer « offerte », au-dessous, perpétrer ce viol sans fin de la chair de quoi se nourrit la vie) ; et qu'elle puisse en « jouir », en rechercher la jouissance n'y change rien − notre mère râler de plaisir sous mon père comme je l'ai entendue râler son agonie ?..., son d'enfer ; nous sommes tous des enfants d'esclave, de serve, d'asservie.

La petite a-t-elle seulement besoin de plaisir autre que celui de jouer, un petit morceau de viande en bouche, cuite ou crue, pour survivre, de vivre, muette – sourde ? – tous ses sens – la pénétration debout par le mâle comme en passant –, dans cette grande villa et dans ses abords dont je ne connais pas l'espace ?

Le chien, sans collier, grand, efflanqué, bâtard de berger et de chacal comme nombre de chiens ici, dépose son morceau au pied de la petite : qu'elle y prenne sa part et lui rende le reste ? ou qu'elle y prenne tout ? Va-t-elle se baisser, avancer sa main dans l'essaim ? Et moi, par où sortir ? Aux fenestrons l'or tourne au rouge, des palmes glissent, la fleur de citronnier se redresse, la rumeur humaine reprend, cris, chansons, aboiements, oiseaux stridents, pneus sur le goudron redurci, fracassement des chargements hâtifs, le chant des fillettes a cessé ; le camarade est-il dans les murs ? Le chien y aurait aboyé ? Aurait-il trouvé quelque fille que sa dent externe n'aurait pas effrayée ou quelque autre qui s'en serait accommodée ? ou quelque femelle égarée d'un troupeau étique de gorge-décharge égaillé par une mitraillade ?
Mais le garçon – n'aurait-il tiré le couteau que par crainte, non du risque que je ne la lui prenne du membre, à lui le dépourvu, mais de mon seul état de soldat ? – avance vers elle qui, morceau de viande aux dents mouches aux narines, recule, rasoir ouvert au poing ; le garçon, gardant l'opinel ouvert, avance vers l'une des baignoires, y tourne l'un des hauts robinets dorés, les réchauds du cumulus s'enflamment au-dessus de lui ; il touche le filet d'eau, avance vers la fille ; la petite, rasoir brandi, viande au sol sous son pied, se serre, toujours me tirant la main, dans le réduit d'au-dessous les fenestrons ;

me voici devant elle entre le rasoir brandi et l'opinel ouvert ; le chien fouille sous le pied.

Au-dessus, au-delà du plafond blanc éclatant – sur une terrasse ? –, le traînement reprend : les mouches, au-dessus de nous, renforcées par l'essaim à la viande, suivent le traînement.

Sur l'un des longs plateaux de verre au-dessus de l'un des lavabos, un cadre incliné : sous verre qui se réembue, un couple très jeune, assis, elle en cheveux, un bébé sur ses genoux, lui en soldat, la main sur son épaule découverte.

Le garçon, dont le parfum de femme se renforce à la sueur, avance encore, l'eau coule, déjà chaude, le chien tire le morceau de viande sous le talon qui se recourbe en défense, mais contre le garçon qui range l'opinel dans sa poche où il transparaît sous les plis ; sa bouche émet quelques mots où je reconnais du berbère, doucement rocailleux, du français : « bain » ; sa hanche frétille sur mon devant, je me déplace sur le côté, la fille geint aigu, sa bouche se retrousse, son front refronce : un reproche ? le garçon, un peu de bave entre les dents gâtées, cils battant sur un œil un peu voilé – y voit-il de ce côté ? –, approche sa longue main au poignet pelu du poing de la petite qui, comme feulant, fait tourner le rasoir dans un rayon où de la petite vermine ailée s'active enfin en pleine lumière.

Le chien, viande aux crocs, se place de mon côté, contre une autre des baignoires, vide mais dégageant soudain un remugle de pourriture fraîche – humaine ? Terrasse, tuyaux, souterrains seraient-ils remplis de charogne ? Âges, factions, espèces confondus ? (Combien de temps depuis en bas jusqu'ici ? Temps du rêve ?) La corde, en bas, balance-t-elle encore ? Le sang dans la tresse, ce sang des règles, sèche-t-il plus vite que le sang de guerre ?

Le chien triture le morceau sur le carrelage, le garçon tire la main à l'écart du rasoir déployé, le chien, lâchant la viande, gronde, les mouches s'égaillent ; sous la baignoire en remplissage, un cafard, puis deux, puis plus, courent vers les mouches ; le garçon retire sa main, le chien reprend sa viande, y joue des crocs comme à un os, me regarde ; à mon épaule droite je ressens la pression de la bride de mon arme, la carabine USM1 à laquelle je n'ai plus droit depuis mon arrestation. La petite, ses seins palpitants sortis, sa croupe recambrée vers l'angle poussiéreux, rebrandit le rasoir, le garçon, son canif au poing, reprend ses mots plus bas qui lui viennent de ses mâchoires ; comme le chien se remet à son morceau, grondant gueule au sol, je me résous à penser qu'il connaît cette scène et ne s'en soucie pas plus que d'un jeu que seul l'agacement des règles de la petite pourrait exacerber ; les lames se croisent, s'effleurent ; aurai-je le temps de nettoyer au savon le sang que ma braguette et mon entrecuisse ont pris à la corde ? Le laisser sécher pour le frotter au camp ? Le sang que je devrais avoir pris, mes formes à cru contre son bas-ventre, étreinte différée dans notre progression dans l'obscurité... s'il faut la faire, autant que ce soit d'une fille en indisposition animale, y jeter toutes mes forces, mes faiblesses retenues, muettes, dans mon cerveau. Battements des trois cœurs, écho en salle de bains, l'eau coule-t-elle encore ?

Un seul mouvement de ma semelle sur le carreau – mais détermination – arrête la main du garçon qui recule, couteau ouvert ; j'avance vers la fille qui a baissé son poing et plaque la lame contre le short ? la faufile entre ses cuisses comme pour l'essuyer ; le garçon replie l'opinel, brasse l'eau un peu rose, se retourne, saisit l'épaule de la fille, frotte sa mâchoire contre celle de la petite qui souffle dans la buée de l'eau chaude, halète, seins remis en chemisier, penche sa tête sur l'eau ; je suis le chien qui trottine, boite, vers la porte ; me retourne, le garçon choisit un bloc de savon sur les trois installés sur le bord, le retourne en face des narines de la fille qui regarde son reflet dans l'eau, grommelle ; au bas de sa croupe relevée, je vois du sang, écarlate, sur le haut de ses fesses qu'elle remue, secoue, à la couture du short.

Le chien pousse son reste de viande sous la baignoire entre les cafards, faufile sa croupe dessous, la reprend, frétille, pousse la porte, jappe depuis le couloir, croupe hérissée : encore le chat, hirondelle aux dents – qu'est-ce qui les sépare de pillards humains se partageant les pauvres restes des massacrés, de savants emportant et défendant leurs découvertes ? En moi, très peu, et pourtant je crois alors encore un peu en ce Dieu de la seule humanité.

Distrait par un hululement traversant le jardin qui me fait me rapprocher des fenestrons, je me laisse prendre une main par sa main à elle, familière, dont les durillons de la paume chatouillent la mienne ; le rayon éclaire le renflement d'entre sa tempe duvetée et son pavillon ourlé, coffret de sons à libérer – le secret, meurtre, abandon, de sa sauvagerie, les mots criés devant elle qui l'ont faite muette ? Les tétons sous le menton rond et son petit gras sont ressortis du feston, je les vois durcir, leur rose foncer, suer dans la buée. Le garçon, qui lui tient maintenant le cou, me voit les regarder, la salive m'en venir aux lèvres et, plus bas, les pans de ma veste de treillis remuer, fronce bouche, narines, front ; mais la main au poignet pelu descend sur les épaules, le dos, la croupe, un doigt au long ongle rose effleure la tache de sang, la courbe de la fesse : comme des deux côtés elle est belle, de profil, sa face, hors rayon, plus doucement éclatante, éclairante que tout le blanc rosé de mes entrailles en passe du chaud au froid. Pourtant contrariée, plus pure, sourcils, cils, évers des lèvres, boucles, à peine des traces : l'arrière de l'âme à cru – le plaisir ?

L'ongle gratte la couture, la petite brasse de sa main grasse l'eau sous la vapeur à odeur marine : ses mots à lui, mâchoire contre mâchoire, les comprend-elle aux vibrations qu'ils font ? Qu'il faut qu'elle se déshabille, qu'il l'y aidera – vivrait-elle toute habillée depuis les faits ? –, devrai-je sortir ? Voir, revoir enfin, cet entrecuisse touffu par lequel je dois passer, par mon membre favori – ma godille dans le lac souterrain des Enfers, passer la femme, par elle, pour vivre encore.

Qu'elle entre dans le bain, s'y assoie, s'y couche, que, lui, lui savonnera doucement tout le corps – et le sang ? se sera-t-il tari ?

Le faut-il ? Ou bien garder son encrassement, ses croûtes, ses emmêlements de cheveux, de poils, ses taches, ses rayures, ses mâchurées, se garder prête à fuir, dans son odeur de tout qui la rend irrepérable – aux chiens, même ?

à vivre un temps avec des bêtes, domestiques, sauvages, avec des fugitifs, ou de bras en bras ; mais ne m'a-t-elle pas conduit du bas en haut, puis dans l'obscurité, vers cette baignoire, pour que je la voie l'enjamber et s'y laver – et que je m'y baigne, dénudé, avec, y repose mon corps recru de démonter, de soulever, porter, charger, lancer depuis le milieu de l'été ? Si ce n'est pour le bain, pour quel autre but ? Quelle autre pièce ? Quel espace entoure les pièces, les couloirs traversés à sa main ? Y sommes-nous seuls ? Une chambre, plus loin, plus tiède, aux parfums suris, sons assourdis, où l'on meurt – où l'on agonise ? Seul ? Seule ? Entouré des siens ? Gardes armés à la porte ? Volets clos sur l'exode ?

Le garçon déplace une brosse sur le rebord bleu, sa paume heurte un flacon dont le bouchon n'est pas assez enfoncé, l'odeur traverse la vapeur, vers mes narines au tiers bouchées, depuis qu'une pièce de pont s'y est enfoncée dans le déchargement dans le port d'Alger, par du sang : le cœur me point, que de drames jadis, d'enfance, d'adolescence, dénoués dans notre étroite salle de bains pour sept, plein sud sur le clocher et la montagne noire… et Elle, ma mère, « ma chérie » déjà – que j'ose ainsi nommer, loin de mon père –, dans la scène qui ne cesse jamais de mes voix intérieures, ascendance, descendance, proches, saints, artistes, rois, bourreaux, Dieu Père, Dieu fils, qui se parlent, se défendent, colère, apaisement, pleurs, et meurent, leurs derniers mots…

Lavée, reparfumée, vêtements frais, le garçon ne veut-il lui laver que la tête et son entrecuisse, ses parties les plus exposées à l'infection ? Mais, sa bouche gonflée vers moi de morceaux de mots humains, de cris animaux, de sons d'objets, de Nature, elle, ses mains agrippées au bord recourbé de la baignoire, rentre sa nuque la ressort, durcie, sous la main du garçon qui l'abaisse vers une lancée d'eau dont elle retire sa tête éclaboussée ; déjà il frotte de savon la face, mais, comme d'une besogne imposée, il savonne, poignet, bras, épaule nue ? vibrant de tremblements : enrage-t-il de désensauvager cette sœur de lait à laquelle sa naissance inférieure, une étreinte, peut-être, de pénétration d'avant sa mutilation ? quoi d'autre que je ne sais pas encore, l'asservissent et le lient à mort ?

Elle, secoue sa tête, du mufle fermé repousse le gros savon, le rouvre pour mordre l'avant-bras du garçon, le tient mordu mais, lui, resserre son poing autour du savon : du sang coule de son coude où la fille desserre ses mâchoires. Je vois son cœur battre sous le chemisier collé par les éclaboussures au buste, celui du garçon battre plus vite sous les côtes saillantes : se le déchireraient-ils l'un à l'autre ? Son regard sur la chaînette à mon cou, ses dents remontant les anneaux, les descendant, mordillant ma plaque d'immatriculation...

Dans le couloir, les vivants triturent les dépouilles.
Dehors, loin, un clairon, le motif sous lequel nous vivons, que quelques-uns d'entre nous transforment, voix pâteuses, depuis le lit de camp, en rythmes de bal du samedi soir en métropole.
J'avance dans le couloir, le chat fuit, le chien me pousse les chevilles de son museau, viande tout avalée ;

la porte vitrée dépoli de la salle de bains se ferme d'un coup de vent. Par une fenêtre entrouverte à l'espagnolette, je vois le milieu d'un escalier de secours, deux hommes y font glisser un grand sac de jute sous les mouches sur les marches de tôle : des objets ? des corps ? Mais le sac glissant laisse des traces sur le métal, les mouches s'y mettent ; reculant derrière un chambranle, je les vois tourner et retourner leurs têtes sombres : employés municipaux ? police ? pillards ? assassins ?

Le clairon reprend son motif. Retourner à la fille ? Où est passé le camarade ? Un lustre au-dessus de moi me tinte ses prismes, ses pampilles : le clairon, encore, rentrerai-je sans avoir accompli ce que je sais, qui me ferait tout à fait homme comme il se doit ? Le cœur me manque, je me retiens au chambranle : si près, l'organe qu'il faut pénétrer du sien, le lui laisser avaler, convaincre la fille, un être, de l'intérieur ; non pas seulement des lèvres à son oreille, de la main, de la voix, de ma chaleur, de mes muscles, mais du muscle, de celui qui fait l'Histoire, les Patriarches, dans ses entrailles ; je n'en ai eu que pour mon art, sa part clandestine seulement ; changer de descendance, toute pénétration produisant du fœtus – et elle, que peut-elle connaître des précautions pour filles propres ? –, figures floues au sexe indéfini pour enfants réels.

Le camarade s'est-il attardé sur une chienne docile ? sur une chèvre errante aux portes de la ville ? Le clairon lui rappelle-t-il qu'il aurait oublié que nous avons passé d'un commun accord la limite du camp ? Qu'il me doit de retourner à deux au camp – je le tiens par sa dent.

À la fenêtre, l'essaim plonge. Du froid – l'hiver bientôt, la neige en haut sur les restes de guerre, charniers, persécutions, exodes – me saisit les épaules : de quelle fille ou femme ai-je vu pour la première fois l'organe, cela d'où sort l'humanité et où rentre le plaisir du mâle – combien encore de couples à s'accoupler sous la chemise de nuit, sans voir ? Et paupières closes ?

Tout ce que je vis de sexuel à deux je l'oublie, ou bien c'est comme si je n'avais rien vu : la scène clandestine, dans son brouillage même, est la plus forte (négatif-positif) ; je me souviens alors plus de ce que j'ai écrit que fait. À chaque fois c'est la première fois.

Entrer dans cette petite serait me l'attacher à vie ; et ai-je le droit, moi sensé, de prendre du plaisir, de m'y confirmer mâle, dans ce corps au cerveau mutilé ? Mais sa beauté… ne lui rendrait-elle pas l'intégrité de sa raison aujourd'hui troublée ; moi-même ne suis-je pas un peu mutilé ?

Sur mes pieds le chien me recrache me vomit son morceau de viande : serait-ce l'odeur du vagin retourné ?

Dans la salle de bains, l'eau ne coule plus, grognements contre mots comme des cailloux en salive dans les mâchoires ; lui prend-il les cheveux, l'odeur de leur torsion m'en vient aux narines ; leurs mâchoires tintent l'une contre l'autre, le tintement se change en odeur d'émail heurté, cassé : toute lueur, tout bruit se change en parfum, toute odeur en couleur, en formes ; mitraillages très loin, doigt sur détente, cervelle du tueur (décision), cœur du tué, cri de la mère.

Les mouches noircissent les marches, sur la pourriture,

les rayons rougissent : comment, au camp, les camarades cacheront-ils notre absence à l'appel du soir ?

Bruits d'éclaboussures, de l'eau mousseuse avance sous la porte : l'a-t-il déshabillée, ses doigts tremblant sur ourlets, boutons, fentes, coutures, plis et lui a-t-il fait enjamber le bord, sang séchant sur le haut touffu des cuisses, l'organe entrouvert, le dessous duveté de l'entre-fesse ? Repassera-t-elle la porte, toute lavée, rhabillée de frais – rechange en tiroir – ou restes de vêtement souillés à cru sa chair récurée ?

Soldat pouvant, même étranger maintenant, protéger, mais mâle pourvu – officiellement avéré : le médecin des « trois jours » de la conscription me le confirme –, il peut me vouloir près et loin d'eux deux. Elle, revenue dans son odeur, m'oublie-t-elle ? Sous ses doigts son organe s'entrouve-t-il pour moi ? J'entends un sanglot, un gémissement, le chien redresse le museau de mon pied : son calme fait penser que c'est habituel ; je voudrais me reposer sur le temps, m'y appuyer et qu'il s'y immobi-lise avant de reprendre et moi avec ; l'obscurité, avec le couchant, s'éclaire, j'avance, le chien mordillant mes chevilles, au fond du passage parqueté montant une porte lambrissée de blanc et d'or bouge, une chambre apparaît, un lit défait, un mur tapissé de scènes en rouge, en bleu ; dans les plis du drap glissé au sol, des restes de jouets, baigneurs défoncés, mécaniques à roulettes bancales, albums déchirés : d'autres enfants, partis ou silencieux ; j'avance encore, mais le chien geint : au mur, historiettes des âges classiques, figures rectifiées pin-up, cow-boys au crayon de couleur, carrosses rehaussés en automobiles, figures maléfiques enturbannées, pointes d'ombrelles aiguisées en coutelas, bannières repeintes en tricolore bleu blanc rouge, ou vert avec croissant rouge, ruisseaux sous petits ponts charriant des eaux rougies ; odeurs de corps frais ? Rien qu'effluves moisis : les enfants, déjà, sur la mer, en cabines, vers la métropole ? en fuite vers les ports ? en limousines vers les frontières ? Ou pire. Le chien flaire les jouets dans les plis, gémit, jappe, son museau remonte le long d'un pli, dessous, toque vers l'intérieur du drap, le soulève, des mouches en tas sur une traînée rouge…, des empreintes de doigts, plus haut, un écoulement séché, serait-ce d'un des corps que les deux hommes passent dehors en bas maintenant par un portail latéral dont tinte la clochette du petit parc pour les évacuer dans la bâche vers quelque véhicule ou charrette ? Mais, au sol, pas de traces de sang ni de pas : tout le sang du corps – égorgé ? – se serait-il déversé dans l'épaisseur du matelas ? Le chien ne flaire pas sous le châlit : mis en bâche sur le lit ?

Je bouge un peu, porte une main vers un interrupteur, le déplacement d'air apporte aux narines une brève pestilence de pourriture animale : le circuit serait-il piégé ? Je retire mes doigts ; la lueur du soir ne touche plus aux murs que les ajouts de dessin de couleur à la main : les siècles anciens disparaissent dans les traits et les teintes de main d'aujourd'hui ; quelle main, jeune ? adulte ? victime ? assassin ? a tracé, quand ? pourquoi ? ces traits sauvages, ces couleurs crues ? Ce sang au drap, celui de cette main ou celui de celle de l'assassin ?

Le sang de guerre : comme pour le sexe, c'est toujours la première fois ; pour le sang de paix, celui que mon père rapporte à ses doigts d'en bas son cabinet pour déjeuner et dîner avec nous ou le plus souvent après nous, celui qui jaillit de la chair blessée ou infectée qu'il nettoie, tranche de son scalpel quand, frères et sœurs et moi, nous l'aidons, enfants, adolescents, à tenir le patient, enfant ou adulte ou vieillard.

À nous enfants – des temps de paix – la saveur du sang avant son odeur : de notre propre sang, d'abord, au pouce ou à notre langue et à notre lèvre, puis à notre genou, mais l'odeur du sang de l'enfant est moins forte que celle de l'adulte, plus tard dans le crime ou la guerre.

Pour l'enfant paysan ou ouvrier-paysan, le sang animal peut jaillir ou couler aussi familièrement que la source ou le ruisseau : mise-bas des chiennes, des chattes, mise-bas bovine, vêlée en écurie, ovine en étable, mise à mort du cochon après poursuite, égorgement, saignée en cuvette, volaille dépecée après torsion mortelle du cou, cous coupés des canards, des oies, des dindes, gibier de forêt, de champ, d'eau, tiré, sang en convulsions au sol, enfoui en gibecière, sorti, sanglant d'un sang sauvage presque noir, jeté sur la grande table commune de la ferme.

Depuis la toute petite enfance, ce reste de sang qui brille sur le bord de l'asphalte, dont ma mère me prenant au cou détourne mon regard : celui, Juin 1944, d'un ou de tous des jeunes FFI fusillés par les Allemands dans leur retraite vers Paris, le sang de guerre.

Sitôt apparu, sitôt retiré dans la pensée, dans son obscurité ou dans sa lumière pleine, enfer ou paradis

– purgatoire : mesure, anti-art… –, à chaque fois qu'il apparaît, c'est comme une première fois – comme dans l'amour, la passion, toute courbe du visage, du corps aimé, toute inflexion de voix, toute flexion, toute odeur, parfum…

Toute manifestation du réel n'est qu'un signe avant-coureur ou d'après-coup d'une pensée continue de la violence du monde – mais violence de la vie –, de l'humain à l'humain, de la nature (maladie) à l'humain, de l'humain à l'animal, de l'animal à l'humain, des animaux entre eux, du corps à l'esprit, de l'esprit au corps… – une confirmation de ce que j'éprouve, imagine en continu et en silence.

Presque tout, je le vis comme au bord de la raison. Dans cet intervalle entre la raison et son explosion.

Au bord de l'évanouissement, s'agissant de texte, tant la lecture de la moindre phrase à rendre compte de l'atrocité je la vis à l'intérieur de ceux qui la vivent, avec, en plus, le point de vue de qui la regarde se faire, supplice pénal, supplice politique, « misères de la guerre » ; et plus la phrase est terne plus forte est l'émotion qui est plus que l'émotion, l'hallucination (ainsi, dans l'œuvre que je fais, ai-je toujours balancé entre la distanciation et l'immédiateté : entre spectateur, témoin interdit de cri et supplicié). Longtemps, enfant, je n'ai pu réouvrir la page de l'Histoire des Girondins où l'on peine à décapiter comme il faut le fuyard des vignes, traqué, saisi, jugé, condamné, mené à l'échafaud, sous peine de défaillir pour de vrai, tête semi-décapitée roulant sur le pupitre, celles où Gilliatt des Travailleurs de la mer, enlacé par les tentacules, ressent que la pieuvre va l'avaler tout cru (membre saisi et tiré vers le bec) – ici, comme spectateur,

Dieu laissant faire sa Création autodévorante –, sous peine qu'un tentacule jailli de dessous le lit m'enlace et me broie, moi ou quelque proche du voisinage, et tout le jour ce tentacule me « ceint les reins » comme il est écrit dans la Bible et comme je le fais pour moi et mes figures de bordel.

Entre deux reprises de la brise, quelques volutes du chant des fillettes, voix de garçons s'y mêlant comme pour les troubler.

Mitraillades devant, vers la côte, derrière, vers les faubourgs surpeuplés de paysans déplacés dans les villages de regroupement du bled. La porte de la salle de bains s'ouvre, vapeur rose dans le couloir resté obscur, garçon puis fille en sortent, main à main : ils scrutent vers la pièce où je suis entré, lui, lâchant la main, bondit, devant moi, de son poignet pelu replie le drap, mais elle, dont seuls visage et chevelure ont été lavés, s'accroupit, triture les jouets dans un reste de plis au parquet ; l'arrière du short ouvert sur le bas de la croupe, les ondulations des petits os, les seins, plus gros qu'avant, sous les mèches encore mousseuses, en haut, le parfum, en bas, l'odeur ; les yeux me regardent au-dessus d'une poignée de jouets qu'elle commence de lécher de sa courte langue rose fleur, parfaite de forme de chair bien que, je l'imagine, elle la jette dans tous les interstices douteux ou dangereux, dans les essaims à dards, sur toutes les lames, du petit couteau au hachoir, à la scie ; quels sons, quel son parviennent dans cette oreille si bien ourlée, dont un halo de rayon rose d'or traverse le pavillon ? En bas, au-dessus du plancher, l'organe s'ouvre-t-il dans l'accroupissement, laisse-t-il suinter encore du sang ? Des mouches – que l'obscurcissement commence d'engourdir et fait rentrer dans les trous – errent, lourdes, autour.

D'un coup de fesse sur la mienne, le garçon me dégage de la scène, reprend la main de la fille, la relève grommelante : le canif, fermé dans sa poche quasi transparente, le reprendrait-il pour le rouvrir si j'approchais mes doigts de ces seins qui, en pleine lumière, m'éblouiraient : ici, faire l'amour ? le galbe tournant l'odeur du gros fruit interdit mais visible de tous de loin et mûrissant dans la nature, captant toutes les lumières, toutes les températures, cette excroissance de chair plus tendre, plus éphémère, comment reliée au buste, à la chair ferme entre ses os (comme on le dit de la terre ferme), enracinée en elle et pouvant en être détachée comme ceux de sainte Agnès ? Faits pour la main, la paume, dessus, dessous, le téton pour la bouche ; dans la paume, vivant d'une vie séparée mais tenant à l'Histoire…

… tels ceux que la Tahitienne de Gauguin fait porter par les fleurs rouges en leur plat dans le premier tableau de maître que, si j'excepte celui, un paysan et sa petite fille en fichu rouge se hâtant d'une chaumière basse à l'autre, de l'école romantique polonaise suspendu chez nous à la tenture des Tatras, je vois, mes treize ans et demi, l'été, au musée des Beaux-Arts de Lyon, ma main dans celle de ma mère venue avec moi, par le car, depuis notre village d'au bord du piémont du Rhône, en ville, pour une séance de rayons : que regarde l'autre Tahitienne à son flanc, un sein découvert au bord du pan bleu allant vers l'épaule ? Que lui dit-elle plutôt ? Nos deux mains se resserrent l'une dans l'autre, ce sein jaune au téton rose sang retenu par l'étoffe bleue, ne serait-ce pas, le sait-elle ? mon membre déjà, au gland découvert, retenu exprès dans cette tirée relâchée de la défroque que je me taille dans de la chute de tissu de sa réserve de couture et souille au charbon ou à la graisse de moteur avant de me l'enfiler et me le tendre détendre retendre toujours plus serré sur mes « parties » jusqu'à m'y faire un entrecuisse de fille en les y aplatissant ou, au contraire, étoffe moulant au plus près les parties en croissance – pagne du Crucifié et des soldats, lances levées, jusqu'à l'ourlet cicatrice de la circoncision – pour, non pas tant y jouir (déjà le désir comme avancée, élan créateur, et jouissance comme arrêt du temps, satisfaction « bourgeoise »), que, je ne sais encore trop pour quelle échéance, impulser ce que je commence à dessiner-écrire dans le secret, sous le couvert d'une petite poésie issue du romantisme puis du symbolisme et d'une petite peinture de plein air : faire apparaître sur le feuillet, par la montée du désir – pour quels corps, alors, pin-up à l'américaine aux deux-pièces serrés, filles, femmes en abandon ou torsion ou poursuivies ou tiraillées dans les tableaux ? pour le désir pour lui-même ? pour y échapper à l'ordinaire ? –, peut-être des mots nouveaux, des morceaux de mots tentateurs et plus ? Des mots qui m'attirent vers le futur. Qui, accélérant le désir, produisent en même temps que l'explosion : une giclée du liquide de la reproduction – contre quoi va mon imagination –, une sécrétion qui, comme celles du Christ en agonie puis outragé puis cloué, manifeste devant le monde l'intensité, la vérité de l'engagement, l'écriture, la coulée d'encre, la trace indélébile pour moi du moins aux yeux de Dieu, c'est-à-dire de ma conscience, de la vision sonore d'un « bordel » dont le mot même me fait bander avant que j'aie pu y placer des figures, qu'à froid je serais bien en peine de faire lever : il y faut un acte, un risque, puisque à la giclée succède un temps, très long pour moi enfant, de dépression où je dois surmonter, avec mes faibles forces solitaires, la tentation d'en finir.

La main de ma mère quitte la mienne quand mon père nous reprend sur les marches du musée pour nous ramener en voiture chez nous et qu'il me reprend ma mère, lasse et de ne pouvoir le dire devant moi dans un enlacement de tendresse accrue.

Mais, le temps du retour, le long du Rhône alors libre, tumultueux, les trois seins des deux Tahitiennes – le troisième, celui de celle dont on n'en voit qu'un, je le vois tripoté par une main large charnue de Tahitien demi-nu dont peut-être sur la toile elle sourit de sa caresse –, je les fais apparaître dans l'écrit à reprendre la nuit prochaine, sitôt tous endormis, dans ma chambre sous le toit, disparaître dans la presse des hommes, formes d'Art exposées ici au seul désir d'assouvissement, de vente, de revente dans les ébauches de marché où je ne réalise que des opérations de calcul sommaires (prix corps, prix actes) dont les chiffres appellent plus le désir que leur traduction en lettres : l'art est, dans cette ébauche de société, moqué, souillé, tableau, poésie, profanés comme le christ et ses martyrs, que, dans l'écrit au grand jour, demain, esquisses de poésie régulière, je placerai comme formes de sainteté, d'ordre, de concorde, de fertilité, de pureté...

Pour contraindre mes mains à ne pas toucher aux seins, je fixe mon regard sur l'évasement du short – mais qu'est-ce que ma vision, ma vue ? Dans le haut de mon moi, de mon corps, je n'en ressens plus que ce que j'en ai, entre les cuisses, de confus, de soulevé comme une cloque volcanique, d'idée en expansion rayonnante d'où la formulation finale serait l'érection du membre, esprit, cœur, passé, futur, matière générale rassemblés pour... ? main sortant du soleil ?

Logés, ces yeux, ces globes, leurs enracinements, en orbites d'un crâne que qui penserait à se le voir, à peine celui d'autres vivants, ailés ou provisoirement rejetés : d'une tête encarnée et revêtue de poil, dont j'ai tout oublié, bouche comprise, quand je parle (pour vivre oublier son corps) ; c'est depuis un fantôme que nous vivons : à peine en voyons-nous les mains, les pieds, les genoux – quand nous sommes assis.

Ôter mes lunettes pour réduire le rejet de l'autre ? Mais que voir alors ? D'un fantôme de moi, le reste, fantôme.

Les gardant, je vois cet évasement un peu secoué par le petit rire de la fille – aurait-elle vu, de sa vue renforcée par sa surdité, les effets de mon désir sur la bordure graisseuse du treillis ? ou, à ses narines, flairé mes doigts se retirant du rayonnement d'assoupissement et de lait de sa poitrine demi-découverte ? du toucher des seins nobles – toucher la mère... – au risque de sentir une odeur fécale monter de cet évasement. Je laisse faire mon odorat, aller mes narines : ce n'est pas une odeur d'excrément séché qui y monte mais celle que j'ai flairée en bas, celle que les camarades, couchés sur les lits de camp, romans-films aux poings levés, à plusieurs voix, essaient de décrire, par des comparaisons animales, alimentaires, toujours les mêmes de jour en jour, semaine en semaine, mois en mois, avec leurs appendices ou leurs contextes biographiques inchangés, où l'expérience visuelle, tactile, olfactive, gustative, de l'organe femelle, du groom d'hôtel – prostitué, non conscient de l'être, aux vieilles femmes riches de sexe fatigué – ou du marinier – maîtresses d'école professionnelle, bordels riverains des canaux – prévaut sur les autres, de bal du samedi soir, de banc de village la nuit, de voiture ou de cabines de poids lourds. L'odeur du devant, du face-à-face.

Un petit tintement de cri, des griffes sur le parquet : le chat dont seuls brillent les yeux jaunes fendus de noir, une aile bleu sombre qui se crispe sur fond d'obscurité où tourne, dressée, une queue plus noire.

Le garçon relève la fille, la pousse vers un nouveau passage de parquet montant dont la paroi gauche ouvre sur un escalier en colimaçon, le chat s'y précipite, fille et garçon le descendent : l'odeur de l'organe persiste sous le parfum de chevelure savonnée. Le chien recule devant les marches tournantes, jappe, aboie – la viande, où déjà ? –, revient sur nos pas, trotterait-il, par pièces, couloir, palier, vers le grand escalier ?

En bas, c'est un réduit, haut, étroit, bicyclettes, trottinettes, autos à pédales, rangées contre des parois de bois, sur un sol de terre battue et de béton inachevé.

Une porte à clenche donne sur la grande pièce d'où est partie la remontée du temps : au milieu, dans la rumeur extérieure augmentée, la corde tremble encore dans l'obscurité rose, quelques mouches aux fibres ; on gratte à la porte où je distingue alors un rectangle de verre dépoli dans le milieu, autour du loquet ouvragé, serait-ce le camarade qui y donne de la dent ?

La fille, en passant, vers le centre, du côté du grand escalier, passe sa main sur la corde, en saisit le gros tressage dur dans son poing, le porte à sa bouche, le mord, je lui vois une dent pointue sur le devant entre deux belles bien taillées, je lui cherche alors quelque autre anomalie à ses yeux qui me regardent grands ouverts, de tout leur blanc rosé – halo de rayon par une ouverture dans le fond confus où surgit le chien queue agitée du plaisir d'avoir réussi la descente des marches de marbre ?

Le garçon, moi restant seul en face d'elle mâchoire à la corde, rauque quelques mots bas contre le verre dépoli auxquels répondent, du dehors, des bribes de petits jurons picards, entrouvre la porte-fenêtre : main à l'entrecuisse, le camarade, torse nu, maillot, veste au poing, se dandine sur le seuil, un fracas de moto lui fait retourner tête et torse, la fille voit la marque sur le dos, brûlure en petits traits superposés, de la foudre, reçue enfant dans un boqueteau de l'Amiénois – avec la dent externe, le goût de l'accouplement à l'animal (trace judiciaire civile dans le dossier militaire), comment ce foudroiement ne l'a-t-il pas dispensé du service, et d'une affectation en Algérie ?

Osera-t-il entrer dans cet espace des Riches, des « instruits » ?

Un peu courbé en avant, entre faces épanouies, il se laisse souffler, gronder, renifler en sens inverse depuis l'intérieur du nez, pousse des jappements, appels non de chien mais d'humain, de ceux que l'on entend dans les enclos, dans les étables, chèvres boucs mêlés. Veut-il

207

faire comprendre qu'il vient de s'accoupler à une chèvre, voire à un bouc – mais il en serait sorti blessé – ou se change-t-il en animal semi-domestique pour se donner courage ou droit d'égarement mental animal de pénétrer dans cet espace interdit ?

Le garçon, son front froncé sous les boucles noires, met les longs doigts de sa main pelue au poignet sur sa poche contre le couteau, la fille lèche maintenant la fibre dont elle a rongé des brins, le camarade entre, du poil sur le devant du treillis, sa dent presse sa lèvre rouge, la petite lâche la corde, prend d'arrière le garçon aux épaules, ils reculent vers un grand tableau avec cadre appuyé à un fouillis de tentures, de vases et de petits meubles : de couleurs trop sombres pour qu'on y puisse deviner une forme mais la toile trouée en son milieu.

Je sens une force saisir mes épaules, forcies depuis deux années aux exercices de tir – FM, bazooka –, de construction de ponts, aux chantiers, reperdue dans la prison, retrouvée dans les travaux de l'été, dans les démontages, chargements et déchargements de l'automne ; mes bras, mon torse : cette corde dont le haut ne se voit pas où une hirondelle puis une autre cinglent d'une poutre à l'autre dans leurs cris tintés, pourquoi dans la vacuité de l'instant, dont je pressens qu'une force, mauvaise, de nature ou d'humain en borde l'espace, la laisser balancer sans m'essayer à y grimper, moi, qui, dans les exercices du parcours du combattant, passe devant sans y toucher, imposant dès les classes que je refuse d'y monter, non que je n'en aie les forces mais parce que dès l'enfance, malgré ce que je lis des uns et des autres héros dans la jungle et passant des fleuves d'un coup de corde, je n'y monte que quelques brassées sans plaisir, nage et autre suffisant.

Mais se montrer à tous, plus visiblement qu'au sol, en train de produire un effort alors que tout acte, du corps, de l'esprit, du cœur, devrait être naturel, parfait aussitôt, comme de la main du Créateur, de son verbe, jaillissent les créations achevées, impossible autrement que dans des cas d'urgence où l'instinct de survie devrait suffire.

Le voilà qui, jetant au sol maillot et veste, s'y jette, flairant la tresse, ses dépôts de l'après-midi, la fille en grommelle en pénombre ; le camarade y traîne sa dent ; battement du cœur doublé, j'avance, saisis la corde contre son front, il s'écarte, que gagnerai-je à me hisser de quelques mètres sur cette corde incertaine ? Je prends, des deux poings, me hisse, croise mes genoux, la corde me tourne me retourne, me balance, mes paumes, mes durillons crevassés au barbelé d'Août, chauffés aux pièces lourdes du Génie rebrûlent à la fibre tendue ; au-dessus, le volettement des hirondelles dégage de la poussière qui me tombe sur le front, la petite, en bas, mains du garçon sur ses épaules découvertes, regarde, un peu de mousse aux commissures : un sein est sorti, monter plus haut lui ferait-il sortir l'autre ? Je me hisse encore, le rire me vient, le fou rire secoue mon torse, il faut monter plus haut, j'y suis presque à la moitié, le tournoiement diminue, rester encore à cette hauteur où le fou rire, supprimant toute contrainte, me tient étreignant de toutes mes forces la corde stabilisée : ainsi, ai-je, à mon insu, trompé des supérieurs, réputés bons connaisseurs de la jeunesse, et me suis-je trompé moi-même – pourrais-je aussi, dans la nage, plonger et plonger de plus haut ?... pourrais-je... pourrais-je... ?

Monter plus haut, toucher du crâne une poutre, de celles où s'affolent les hirondelles – plus de deux maintenant ? –, les articulations, les muscles, déjà endoloris en fin de journée, supportent d'autant la tirée, l'étirement... bien manœuvrer les souliers, un sur la corde un dessous... je sens ma plaque d'immatriculation à cru sur la peau du torse et glissant sur ses poils, froide dans la sueur : reprononcer mentalement ses chiffres pour, dans l'exercice de mémoire, m'y tenir à distance de l'effort de grimpée que je voudrais aussi naturel que celui du singe commun ou, du moins, du Mowgli de jadis ?

Le chien, en bas, jappe, aboie... qui applaudit ? elle ? Redescendre : semelles sur la corde, peau de mes rebords de paume déjà presque éclatée ; à mi-hauteur, je regarde : le camarade s'est rapproché de la petite qui lui flaire une odeur de suint ovin, le garçon, reculant, croise ses mains au-devant de la poitrine agitée de la petite dont les plis de l'entrecuisse foncent à nouveau, le mien glisse sur les dépôts dont les mouches se sont détachées pour disparaître ; sa bouche béant, je vois son bout de dent pointu briller dans le rayon poussiéreux ; touchera-t-il de ses longs doigts un peu fripés, aux ongles peints, son bien de gardien : le sein sorti dans sa pleine expansion, le téton dont la seule pensée me fait fermer mes paupières sur un obscurcissement externe et interne ?

À lui aussi le sang pourrait lui venir à l'entrecuisse, à moins qu'il n'y ait qu'un morceau de membre atrophié.

Me rétablissant au sol : me sentirais-je assez fort pour, maintenant, aller à la fille et toucher ses seins ? Le fou rire me reprend, le chat, reste de cartilage craquant sous ses dents, revient ronronner entre mes chevilles.

Loin, une pétarade de motos – engagées sur le front de mer ? et pour quelle destination en un pays qui n'en a qu'une : la révolution ?
Braiments d'âne dans l'intérieur, l'ancien monde.

La fille, se dégageant, rapproche ses chairs chaudes, avec os et sans os, des miennes qui refroidissent, les remue, prend mes mains, en ouvre une, y penche sa bouche, pose ses lèvres sur la ligne de vie, la remonte de la pointe de sa langue, sa joue effleure le bord où la peau éclate, y traîne les bords de sa langue, ses boucles savonnées touchent mon menton ; lui prendre étreindre le dos et attirer son devant sur le mien... il a défaufilé le couteau de sa poche, ouvert la lame à cran d'arrêt ; le camarade tape du pied – le fait-il pour appeler et soumettre la chèvre, le bouc ? –, le garçon passe un pouce sur le fil de la lame, la petite pousse ses seins, le camarade croise ses poings, aurait-il, enfant, étranglé la bête récalcitrante ? Qu'il en menace le garçon diffère le mouvement que je commence de faire, d'apaisement, yeux, bouche, mains ; la petite, la lame effleurant son bras, bondit vers moi, m'étreint, paupière, cils battant contre ma joue, doigt déjà faufilé dans un passant de mon treillis sur le coccyx, ceux de son autre main cherchant où se poser, sur moi (veste treillis avec objets dans les poches) ; désir de la protéger des deux, l'un de sa convoitise sans foi ni loi, l'autre de sa passion de gardien d'organe et d'infirmité, et désir tout court, le mien, brut et vital dont mon membre qui se ré-érige de toute sa taille n'est qu'un simulacre, accélèrent le battement de mon trop gros cœur – schweig still, mein Herz, schweig still –, de mes artères, veines – à Paris mon cou où elle descend et remonte sa bouche fraîche – à mon occiput.

J'entends le souffle du camarade, au flux et reflux de sa bave sur sa lèvre autour de la dent, sa voix cris-talline : « Fais-z-y, Pierrot ! » La pétarade des motos se rapproche, des tirs de fusil-mitrailleur la dispersent, le chien se rabat en pénombre sur les restes enchevêtrés, geint, pète, d'autres chiens dehors aboient, il se rue sur la porte restée entrouverte, d'un coup de patte la pousse, s'enfuit dans le petit parc, le chat s'est juché en pénombre au sommet de l'enchevêtrement et s'y lèche le poil, les griffes, ses yeux étincellent dans la poussière soulevée. Le camarade porte sa paume à ses narines bien rem-plies, y renifle : « C'est pas du bon pour nous, mon pote ! taillons-nous ! » Mais le garçon, lame repliée au cou-teau remis dans sa poche, elle me restant accolée de tous ses seins, le camarade, veste réenfilée, moi mes pieds à ceux de la petite, nous avançons vers la porte, ma bouche descend vers celle ouverte de la petite – au moins, quoi qu'il arrive, contre les miennes, de vraies lèvres –, dont je croyais, petit enfant, que le baiser d'un à une suffisait à faire germer le bébé dans le ventre de la mariée...

Une forte odeur d'essence refoule celle des bougainvil-liers, de la fumée noire monte dans le ciel rose, le chant des fillettes a cessé ; des pleurs, des cris, depuis la route ; par une autre voie qu'à l'aller, entre des cactus, nous marchons, courbés vers la route : au-dessus des épines, l'asphalte qui brûle ; plus loin, des motos couchées, roues libres, essence déversée hors des réservoirs percés ; plus loin, une seule, couchée avec soubresauts, sous la fumée, un corps sanglé ouvert dessus, une jambe en tremblement, la roue avant achevant de tourner ; derrière, sur le milieu de la chaussée, un corps, une fille, très brune, chemisier ouvert, jupe à fleurs ensanglantée, casque traînant, avançant à quatre pattes, sur l'asphalte où le feu s'éteint : tout l'entour de sa bouche est rouge – sang ou maquillage barbouillé dans les cris, la bave, les pleurs ?

À découvert sur l'asphalte, nos restes d'uniforme, les coups de feu s'espaçant vers l'intérieur, la petite se contracte le long de moi qui me courbe encore, ses tétons découverts, transparents, entre les oreilles épineuses, barbues, tailladées, mutilées, des cactus : des solutions, des pansements, dans la salle de bains là-haut derrière nous, peut-être au rez-de-chaussée… je me redresse… mais me rabats vers le sol…

Des klaxons : des motards de la police algérienne, une ambulance, un 4 × 4 et des hommes armés en protection, circulation arrêtée dans les deux sens, la fille avance sur l'asphalte inondé, infirmiers, médecin en blanc ? agenouillés autour du corps du garçon dont la tête, blonde – d'une famille exilée d'Alsace après la défaite française de 1870 vers l'Algérie ? –, ne tremble déjà plus, face pâlie sous les gants roses du médecin, la fille se redresse, court vers le groupe, écarte, se penche, s'abat sur le corps, baise la jambe dont le tremblement diminue, jette sa bouche sur celle, large, du garçon, le gant rose la repousse, un infirmier en veste de blouse blanche, pantalon noir, lui prend les épaules, les tire vers lui, elle, maintient sa bouche, sa face sur celles où le médecin maintient les siennes et souffle ; le camarade, sa tête entre celle du garçon et la mienne, chevrote doucement, la jambe sanglée de cuir noir retombe sur l'asphalte, la fille obture, de la sienne, enflée, la bouche où le râle ralentit, maintient entre ses paumes la tête qui verse, l'infirmier lui tire les hanches vers l'arrière ; mon épaule, mon aisselle, le bord de mon torse se mouillent des larmes de la petite dont je serre la tête contre moi pour y étouffer le son de ses sanglots.

Attendre que le corps soit enlevé, la fille maîtrisée, les motos tirées vers le fossé, puis hissées sur le véhicule à venir ? Remonter le long de la chaussés jusque... Les passagers, quelques-uns enturbannés, d'un car descendant de la Grande Kabylie sortant, s'égaillant, débordant la police, sur la scène de l'accident-attentat, nous nous décidons, sans mots, regards, le camarade et moi, de monter sur la chaussée où de très jeunes soldats de l'armée algérienne, surgis d'un marécage des bords, chargés d'ordures, de dépouilles, de l'Harrach, triturent leurs armes... Les coups de fusil s'atténuent loin dans les premiers reliefs.

La petite, à mon flanc, me retient de son doigt dans un passant de mon treillis, devant, cette fois, contre le ceinturon : cette main fraîche près du membre rabattu par la vision de l'agonie qui dure sous le devant du

214

corps de la fille dont le casque s'est immobilisé face à nous, dont elle veut, précipitant sa bouche sur la face renversée, presque bleue dans les lueurs roses reflétées par l'essence répandue, recevoir, avaler le dernier raclement, la rage de notre impuissance dans la nécessité de rester à couvert me poussent à forcer, à déchirer un peu du Temps pour que j'y passe, tel que l'enfantement m'a poussé hors du ventre de ma mère, sans raison ni cœur : laisser la petite, bouche bée au baiser mortel sur la route – la fille recouvre du sien tout le corps de l'agonisant, mains sur mains, jambes sur jambes, le sang s'étend autour de l'étreinte ; derrière nous, hululements, la chouette traverse à nouveau le haut du petit parc ; la sirène de l'ambulance se déclenche, son gyrophare aussi ; une plus grosse coulée de sang sous le sanglé noir, vers les reins –, la refermer sur la mienne qui s'est ouverte, retroussée vers elle, nos pointes de langue se touchant dans une bouillie rosée – d'où vient ce sang ? d'elle ? de moi ? Comme si le corps du jeune s'était fracassé, rompu, ouvert au-dedans de nous.

Retirer mes lèvres des siennes, me redresser, le camarade aussi, sortir des cactus, au plus vite nous mêler au groupe le plus proche de civils non enturbannés, des ouvriers agricoles descendus des ridelles d'un camion à découvert, des comportes sous essaims sur le plateau ? Le garçon, moi redressé et marchant vers la route, et me retournant, met et maintient ses deux mains sur la bouche de la petite qui y pousse mousse et morve ; le chien, plus en arrière, pousse le grand os sur la pelouse.

Le camarade et moi nous faufilons entre les groupes, vers notre passage sous ronces, repassons le barbelé, quelques camarades, douchés de peu, linge sur l'épaule nue, montent sur une éminence – reste d'une fortification allemande –, regardent l'attentat-accident ; nous traversons cour, terrains, abord du mess, des cuisines, vers le réfectoire où, dans le fracas des voix, des bancs, de la vaisselle, ceux des nôtres exemptés de chargement achèvent de dîner, un lieutenant traverse la salle, une chemise de documents en main, nous nous déportons derrière un pilier.

Manger ? y perdre sur mes lèvres, mes dents, les dépôts de sa salive, de sa mâchée de viande, de l'écume de sa colère, de son contentement, de son espérance, de sa morve, de son sang ? Me doucher ? y perdre le sel de ses larmes, les marques du toucher de ses mains, du frottement de ses joues aux miennes, à mon épaule, à mon cou, la sueur de son poing autour du mien dans la déambulation à l'aveugle en ces pièces hautes au battement des ailes de l'hirondelle captive à dévorer ? sur ma poitrine l'empreinte de ses tétons ?

La viande, noire, passe mal, le lieutenant retraverse, main vide ; l'un des nôtres agace, sur la toile cirée souillée, un caméléon dont il tient la patte au bout d'une cordelette, la bête crache, active ses yeux, l'un vers le haut l'autre vers le côté... Cette chemise serait-elle ouverte sur le bureau du capitaine, ou, mieux, d'un colonel ? Mon dossier d'inculpation ? d'interrogatoire ? Celui du camarade, de ses déviances ?

On nous laisse parler, fredonner jusque tard dans la nuit longue : Ph., sa guitare, M., sa non-violence, P., son architecture sociale, le camarade, les bals chtis, « Baby », Kondra...

Au coucher, dans la chambrée de trente de régiments du Sud, du Nord, de l'Est, de l'Ouest, la lune, depuis les hauts fenestrons grillagés, touche la fleur de foudre au dos courbé du camarade qui se déshabille, grogne aux punaises de son sac à viande : nous fera-t-elle briller sa dent quand il se retournera pour nous en péter une ? Ses épaules, ses bras, ses mains, ses reins, son torse, son dos, sa nuque, c'est de ça qu'il doit tirer de quoi vivre, faire vivre, et il les tient prêts à agir, saisir, porter, tirer, soulever, brandir, retourner, pousser, étreindre, repousser.

De l'autre côté de la chaussée d'où essence, sang, huile, s'évaporent, dans la grande villa à piller, le garçon dépourvu où a-t-il couché la petite, et, lui, où se retire-t-il, pour, au moins la menace écartée de son entrecuisse, s'assoupir d'un œil, veiller de l'autre sur l'organe, l'entrefesse, la gorge de la petite ?

La porte de la chambrée va-t-elle être poussée et le lieutenant de la PM la franchir, seul ou flanqué de gardes ? Des souris courent de dessous un lit picot à l'autre, de restes en restes rapportés du réfectoire ; le camarade, étendu, en laisse monter une sur sa paume, la laisse courir sur sa grosse bouche, la queue glisser sur la dent, y ronger une part de La Vache qui rit qu'il mange chaque nuit avant de s'endormir ; mais il se redresse, tape du poing son front, s'assoit, fouille dans son casier au-dessus du lit, en retire un petit paquet ficelé, à sa veste de treillis sort d'une poche une photo, vient à mon lit, s'y accroupit, déficelle le paquet, en sort des lettres écrites, un petit bloc vierge, un crayon : « La dernière bafouille, tu vas me la soigner ! » ; je me sors du sac à viande, m'assois sur le bord, prends le bloc, le pose sur mes genoux, lui reste accroupi, achevant de mâcher sa part, la souris, « Germaine », court vers un autre lit, une autre nourriture. Le camarade me met la photo devant mes yeux, moi : « Pas besoin, mon pote, je te fais la lettre avec ma mémoire » ; mais je regarde, pour la trentième fois peut-être, la photo, rayée, collante, du visage d'une fille toutes dents, un peu avancées, saines, de fortes narines, mais une fleur – rose ou œillet – à l'oreille sous une courbe de mèche blonde sale : « Tu ne bandes pas pour elle au moins ? comme pour la petite muette... ? — Si je veux lui faire une lettre sentie, la dernière, de plus, il me faut un peu de désir... — C'est moi qui dicte, c'est moi qui bande ! », assis à mes côtés, d'une voix basse mais tintante ; les deux voisins de lit jouent encore aux cartes au fond de la chambrée, le caméléon y progresse dans les fumées, projette sa longue langue sur de la vermine invisible.

« ... qu'est-ce qu'elle fait ma souris à cette heure ?... son drap tiré sur ses lèvres... la bonne suceuse... à mon mien qu'elle mouille...

— Tu vas la revoir pour de bon dans trente jours... vivre avec elle, fini le petit bal !... je mets ce que tu me dis ?

— ... non !... mets-z-y des choses de sentiment, que si c'est du cul ça l'exciterait pour d'autres que moi...

« — Je mets qu'elle est ton soleil… qui nous fait vivre… que tu n'aimes qu'elle, qu'elle se garde pure pour toi…

— … sauf ma mère qu'on m'a écrit que je pouvais maintenant y aller voir…

— Je mets des choses normales…

— … ça qu'ils se disent dans les films, dans les bouquins…

— … les bouquins, tu veux dire les romans-films ?

— Affirmatif, comme ils disent, les croques !

— … mais tu te torches avec !

— … mets qu'on se fera des mignons à grimper partout…

— Des bébés, tu veux dire ?

— Beaucoup, que ça me monte dessus… des filles…

— … des filles, je le lui mets ?

— … attention que si j'y lis du cul, tu n'es plus mon pote ! »

J'écris, à chaque ligne il me pousse de la hanche, le petit bruit de l'écume à sa dent externe marque sa respiration ; la lettre achevée, mais signée par lui, il en relit les mots qu'il peut lire, mouille l'enveloppe, plie, y faufile la photo, retourne à son lit picot, ferme la lettre dans son casier, tombe, endormi, déjà ronflant, sur la paillasse ; sur la toile cirée de la table, le caméléon vacille dans la fumée des Troupe ; Cadum prépare son corps au sommeil, sourit, devant son miroir, aux filles de ses bals.

Le jeune, sur la route, est-il vraiment mort ? Ce qui se fait du côté civil de la chaussée, ici, en extraterritorialité militaire, le voyons-nous avec toute notre raison ? Cette jambe qui vibre, cette pâleur qui saisit tout le visage, lèvres, yeux, d'un comparu déjà devant le tribunal divin… cette bouche ruisselante de pleurs qui obture celle dont, en la mordant, la fille écarte celle du médecin d'urgences.

Tout garder d'elle sur moi ! la trace de ses regards sur ma peau, sur mes yeux, m'endormir sans y toucher.

Comment, libéré en métropole, ou déjà demain, d'ici ou du port où quelques tonnes de matériel restent encore à charger dans les soutes, en connaître plus sur cette villa, sur elle ? Maintenant dort-elle ou le garçon peine-t-il à l'apaiser sur sa couche ? Les plis du short vers l'organe, la croupe qui se retourne sur le drap, les fesses qui s'arrondissent au grommellement écumeux dans l'oreiller… les seins qu'un rien pourrait blesser verser sur les plis du drap… parle-t-on, entend-on dans ses rêves ? Je penche ma tête vers la sienne, elle enfouit la face dans l'oreiller, sa croupe tressaille, elle me désenfouit sa face éveillée, son rire muet la secoue, ses seins en avant ; ses mains ouvertes tâtonnent dans le rayon de lune vers mes lèvres, vers mes yeux…

Au matin, croisant notre capitaine dans un couloir, je le regarde dans les yeux, juste assez de temps et d'intensité pour y vérifier qu'il n'a rien d'autre contre moi que l'ordinaire des griefs sous lesquels je vis encore.

Notre rang en rejoint d'autres, brinquebalant – fusils, cartouchières, gourdes, quarts aux sacs – sur le ballast devant l'ouverture des soutes du paquebot ; des groupes civils, familiaux, penchés, haut, sur le bastingage, enfants menton aux cordes, femmes mouchoir en main aux yeux ; au-dessus du quai, juchés ou assis ou accroupis sur les parapets, des jeunes nous font des bras d'honneur, des policiers les font descendre. Au bout du quai, une forme avance sur les pavés, un sans-jambes enturbanné qui se meut sur son tronc ses poings, le membre érigé sortant du fond de casaque de cuir rafistolé autour de ses cuisses coupées ras. Vent, nuages avançant du Grand Sud – vécu comme hors de la main de la France, nature trop puissante pour être asservie.

Le paquebot vire dans le couchant, nous nous installons, à quelques centaines, à même le plancher des cales, les grandes marmites circulent déjà, tenues par deux en tablier, d'une compagnie l'autre, fumantes : fèves, viande bouillie ; manger pour moins vomir : la tempête est annoncée pour le milieu de la traversée.

Au large de Minorque, beaucoup vomissant – mais souffrir dans le sens du retour vers la liberté, on en rit, dans les vomissures et les coulées de bouillie avançant sous les portières des cuisines ; les officiers logent dans le haut mais ils naviguent vers l'opprobre.

La discipline se relâchant, je monte vers le pont, respire le violent air marin avec ses nuées rapides et ses astres à couvert. Tempête sèche, tourbillons chargés de sable saharien. J'accède au pont, j'entends le fracas des vagues sur la poupe ; au-dessus, les panaches tourmentés d'une ou de deux cheminées, au fond et dans les flancs, le grondement de la machinerie ; tangage, roulis, mais je ne vomis pas ; d'autres soldats, montés du fond, chemises déchirées sur leur torse par les bourrasques, jettent des mots, je retiens mes lunettes sur mon nez contre le bas de mon front.

Entre cordages, sangles, tuyaux, casiers, un dormeur, sur chaise longue, puis deux, puis des familles, recouvertes de châles, de couvertures, valises aux pieds, sous la toile des transats, sur l'appui-pied des chaises longues ; une valise ouverte sur le plancher déverse des objets durs, du linge fin, une main au bout d'un bras blanc les rassemble, les replace, pousse les fermoirs, un pied chaussé pousse la valise dans un recoin ; une main brune prend la pâle, deux têtes s'inclinent l'une vers l'autre dans l'obscurité mouvante, je peux entendre un baiser – silencieux – qu'une embardée du paquebot fait éclater.

Des petits enfants, deux garçonnets et une fillette, descendus des amas de cuisses, de petits bagages, de couvertures, roulent sur le plancher, se rétablissent sur mains et genoux, progressent vers des boîtes de biscuits ouvertes, leur contenu répandu déjà farfouillé du museau de chiens aux laisses libres.

Assis sur une écoutille, des soldats – de notre région militaire –, décravatés, gentiane sur l'épaulette et fourragère à l'épaule – choisis pour ouvrir, France digne, le rang à la descente à Marseille ? –, boivent bières et « couilles » d'Orangina ; l'un, de peau noire, sort de l'intérieur de sa veste déboutonnée un flûtiau, y souffle un petit motif du Sud qu'il continue en frêle mélodie suppliante... Au-dessus, les nuages désaccélèrent, se chevauchent, noirs, un faisceau de lumière tournante venu du poste de timonerie illumine le pont, alterne sur la bouche retroussée, la gorge qui enfle, désenfle, la tête verse en arrière, le flûtiau dirigé vers la masse noire au-delà de quoi gronde, éclate l'ouragan : de jour et d'été, sur terre ferme, au-dessus des blés, ce serait « le diable qui joue aux boules » ; de nuit, en mer, pris entre deux masses, dessus dessous, quel Dieu, quel dieu, pas même Neptune familier de la Méditerranée, y tenir le coup ? la petite flûte voudrait-elle en susciter un de plus, en bas, en Afrique, forêt, désert, savane ? petit esprit de sillon, de jarre ou de couche enfantine, par ruse apaisant la tempête ?

L'averse commence, tous s'égaillent, se glissent sous les bâches ; le camarade foudroyé tremble-t-il en cale dans ses vomissures ?

Sous la grande bâche noire où je me mets, dont les éclairs frappent les plis et où j'allume ma lampe de poche, des enfants endormis sur un manteau, pouce en bouche, un vieil homme, en veste, restant assis, bras aux genoux, une femme jeune, tête en coude, cheveux en fichu, étendue sur le flanc, croupe en robe fleurie claire, main la ramenant sous elle, le soldat noir se glisse dessous, reprend son flûtiau, en joue très doucement ; le vieil homme, une décoration rouge au revers de sa veste usagée, des crayons en petite poche, me prend le bras : « … vous ne nous avez pas défendus, hein ? vous ne nous avez pas défendus… on vous a trompés, vous aussi » ; une secousse nous verse tous les uns sur les autres, le flûtiau roule sur le plancher ruisselant, la main noire le poursuit ; accalmie : le vieil homme s'étend, s'endort, je m'étends auprès du soldat en tenue de sortie, qui, tête au plancher, rejoue ; une secousse nous déporte vers le fond, ma tête contre les talons de la jeune femme qui, d'un rêve, retrousse sa robe ; les jambes s'ouvrent ; le cœur me rebat comme aux seins de la petite ; d'un fouillis de fin tissu rose, une grosseur palpite ; la lueur disparaît, seule une marge de toison se voit plus noire que l'obscurité ; un sursaut de la jeune femme bascule la grosseur sur une autre, un ongle rouge s'introduit dans la fente, l'écarte, de la chair rose veinée de rouge, une sécrétion brille ; nouveau sursaut, la jeune femme remonte encore le pan de robe mouillée, l'organe apparaît, touché par le pan rose, entier, les deux parts, la toison ; plus haut, frisée, un peu mouillée, dans l'évasement des cuisses, le pli de petit linge rose réduit contre la cuisse gauche : quels doigts dans la pleine obscurité le tirent ? Un souffle sur le côté, un marmonnement d'homme, une odeur de fumée, je scrute l'évasement de la cuisse, un doigt d'homme, jauni, y avance, progresse vers le mamelon, y enfonce l'ongle court, s'y enfonce au tiers, retrousse ce qui apparaît comme la lèvre ouvrant à une autre, dessous ; un coup de roulis plus profond me fait monter la nausée aux dents : sortir de dessous la bâche pour aller vomir au bastingage ? Si je bouge, ma tête se retire d'entre les chevilles de la jeune femme, l'homme me voit... ma conscience réprouvant que je contemple, connaisse un secret, mais craignant que l'homme ne m'en fasse un motif de rixe dangereuse pour ma libération, je maintiens mon regard sur le lieu interdit, le mouvement du doigt devant fixer mon attention sur plus fort que le besoin de vomir ; mais, depuis l'enfance je vis si intensément chaque vision, que de l'enraciner immédiatement dans une origine historique, métaphysique et de la prolonger presque simultanément dans une résolution ou une métamorphose future, je lui fais exploser son centre actuel, ainsi disparaît la vision à l'intérieur de moi, pour s'y transformer en objets de création et s'efface-t-elle de la réalité extérieure.

Le flûtiau joue, volume changeant avec le mouvement des vagues, puis tombe, roule sur le plancher, le camarade, sa tête basculée en arrière, s'est endormi, le vieil homme remue ses mâchoires.

Accalmie, je sors, agenouillé, de sous la bâche, vomissement impossible, spasmes ; les lumières de Minorque alors sous dictature, les premières de l'Europe, apparaissent dans l'obscurité apaisée ; Orion, Cassiopée brillent dans le ciel dégagé, manteau royal, où mon oreille entend un bruissement comme de main... : « ... mon Fils bien-aimé en qui j'ai mis toutes mes complaisances », de grands oiseaux traversent le grand halo de la lune nue, crient. D'autres soldats, contre les ordres – pas de contact avec les rapatriés –, sont montés sur le pont, fument, lèvres narines souillées de vomissure.

De dessous la bâche alourdie par la pluie, l'homme sort, reins souples, grand, maillot rose d'un club de Belcourt serrant son torse à gros tétons, tenant par le cou les enfants titubant, je vois à sa main son doigt jauni qui luit, la jeune femme, plus souple encore, seins un peu découverts, soulève le pan de bâche au-dessus du vieil homme courbé qui, yeux rougis, poils blancs au cou, se redresse, respire, rejette la main de la jeune femme dont le regard touche le mien qui se détourne : lui montrerais-je que j'ai vu de près son organe – à y retenir mon souffle pour ne pas en effleurer la fente, la toison – et le doigt de son époux s'y laisser prendre : ses grands yeux bleu pâle, son parfum de blanchisserie, sa chevelure frisée débordant du fichu fleuri, sa croupe à se mouvoir, aisée, entre ses hanches, d'un ballot l'autre, à rejeter d'un petit sursaut de la cambrure des mains aventureuses, les enfants basculent, scrutent astres et fourragères, l'un d'eux attarde son regard sur le mien dont j'ai ôté mes lunettes, j'ai vu l'organe de son enfantement, que son père repénétrera de son membre comme pour en tirer d'autres hors de ce fouillis animal de chairs ouvertes, de poils caressant le fœtus sortant, se refermant, derrière, à l'image des eaux de la mer Rouge sur le mal.

Le camarade, sorti de dessous la bâche, reprend son flûtiau – bientôt rejouer, libre, chambre ou Nature, du flageolet de mon neuvième anniversaire, dans lequel je calme le souffle de ma colère –, en joue sous le ciel qui s'éclaire, dans la disparition des odeurs terrestres d'Afrique et l'entrée dans celles de la seule mer.

En vue des côtes de métropole, il faut descendre en cale, rejoindre sections et compagnie, patauger dans les vomissures, le paquebot tournant et s'immobilisant dans les heurts, réécouter, joues encombrées de restes rendus, les ordres des sous-officiers et officiers sortis joues fraîches des cabines, reprendre fusils aux râteliers, casques, s'aligner, attendre – toute demande d'information retournée en colère suspicieuse –, avancer, sacs marins tirés au sol, derrière les marsouins, verrous tirés aux portières, vers les passerelles jetées au-dessus des remous ; l'un des nôtres ayant, dans l'attente, sorti son caméléon – don d'un camarade en poste dans le

Sud – d'une poche latérale de son gros sac à dos dont suinte un écoulement de miel sauvage et l'ayant posé, patte attachée, sur son épaule, dans la précipitation de la sortie lâche la ficelle, le caméléon s'agrippe à l'épaulette mais tombe à l'eau, y gigote autour de la ficelle, coule dans la profondeur : le petit saurien gris vert, natif d'une guelta d'eau pure du tassili des Ajjer ayant abreuvé, voici des millénaires, les conducteurs de chariots garamantes, s'enfonce, guetté par des prédateurs impurs, dans une eau locale chargée de rejets pétroliers, de charognes, de déchets de rixes maritales.

Réalignés sur le quai, commandés sans explications, nous défilons, puis marchons en rang vers le camp de Sainte-Marthe.

Terre, ciel, ternes, sans odeurs. On nous pousse vers les dortoirs, les hamacs s'y balancent encore entre leurs chaînes, encrassés des régiments déjà transportés en train vers les camps de l'Est ; une fois installés, nous sommes dirigés vers les réfectoires : tabourets, marmites, assiettes de verre, vin bromuré, divagation dehors dans la nuit tombée, entre les baraques ; des cuisiniers, nous apprenons que dès demain nous serons au port pour décharger notre matériel et le charger sur les trains ; coucher, dans les hamacs superposés, derniers vomissements, rêves – communs, à force de promiscuité, de mots répétés, de pensée interdite ?

Tôt le matin, sauter dans les camions, dormir encore un peu assis sur les ridelles ; au port, sauter des camions, les cales de notre paquebot sont ouvertes : il faut en ressortir les pièces que nous y avons transportées et rangées à Alger ; les charger sur des remorques ; aux trains, commencer à les hisser et glisser et tirer dans les wagons ; six jours de travail à mains nues, dans la rouille, l'huile, les chocs. Au bout desquels, permission de sortie le soir : quelques-uns d'entre nous, en tenue de sortie claire avec épaulettes, gentiane, fourragère à l'épaule et béret-tarte sur la tête, descendent en autobus au vallon des Auffes vers un restaurant populaire.

Dans la ville, des groupes de familles chargées de sacs, de valises, en bas d'immeubles de location provisoire. Au milieu de l'un, une fille, mais en robe, grogne, souffle, renifle, sous un chapeau de paille rose, mon cœur bat de son unique branche – mais déjà de ce qu'elle serait une réapparition, une répétition donc mortelle (à l'image d'Eurydice abolie dans le regard d'Orphée se retournant sur elle), une extirpation mortelle de ce gouffre intérieur où, depuis petit enfant, je fais vivre tout ce que je vois, à l'extérieur, de vivant, êtres, faits, lieux, Dieux, dans un but qui se précise avec et par le goût de la phrase quand je commence de traduire les textes anciens – mais alors si loin de Paris, de toute littérature, et pris, depuis mon incarcération, dans un élan si exclusif vers ma délivrance de l'asservissement, pensé-je encore à l'œuvre désirée ? À l'arrêt de l'autobus, elle se retourne : si son regard dure sur moi, c'est elle – quoique, le tenant de ma mère, j'aie toujours attiré regard et sympathie des déficients, puis des opprimés.

Debout dans l'autobus qui se remplit, le poing à la sangle, je maintiens mon regard au sien puis le descends

228

sur ses épaules un peu découvertes sous la bride de la robe ; la courbure de la joue, et, comme elle détourne la tête, sur sa nuque ; plus je la contemple, copie ou elle, plus mon être se défait, implose, plus je vacille, le sol de tous passe aux autres, à tous les autres, ce que je vois du ciel n'est plus pour moi ; la vie comme répétition n'en vaut plus la peine ; la première fois compte seule. Et son adéquation avec la réalité universelle de l'instant, le mouvement de notre astre parmi les autres, l'infinie microscopie de toute matière.

Me ressaisir en jeune soldat, de la nation France du continent Europe, près de sa libération parmi d'autres en chair os sang – et semence. En enfant d'un Dieu auquel je crois encore un peu, métamorphose les créant toutes. Contraint, provisoirement, à une réalité limitée, comme les mouches avec leurs gros yeux, comme les chiens avec leur pénis douloureux – et qui sommes-nous pour affirmer, de siècle en siècle, que notre vie vaut plus que la leur : vus de très haut (mais qu'est-ce que très haut ?), nous grouillons comme les fourmis qui nous font peur ou comme la vermine que nous brûlons.

De semence, c'est comme si je n'en avais plus, ne pouvant, depuis plus de deux ans, la faire sortir de moi par du texte.

Mais, du groupe familial, sa petite main pote devant son regard m'abaisse et me relève trois de ses doigts dont je vois alors qu'il lui en manque un ; sa robe claire presque mauve lui prend reins et bassin, vers le haut les seins plus enflés qu'à celle du bord africain de la mer ; toute lavée, ici, au milieu d'autres qu'elle ne mord pas, n'ayant pas déchiré avec ses dents la paille du chapeau, ses yeux, dont je cherche la blessure dans le droit, fixent les miens peu visibles derrière les verres embués par les souffles des passagers serrés, oppressés par l'afflux des rapatriés. Serait-ce celle, de là-bas terre abandonnée, que je ne pourrais désigner comme « elle » tant sa nature le récuse, qui, par un double, voudrait réattirer mon attention sur son sort que le souci du mien a recouvert ? Répondre même d'un battement de cils pour l'apaiser, peut-être à ce moment sanglée en convulsions sur un lit de force ? Un mouvement de foule pousse l'autobus à repartir vers le front de mer.

Depuis l'arche du monument aux Armées d'Orient, nous descendons dans le petit port fermé par un haut pont de trois arches : « pointus », plaisance, rentrent à quai dans les odeurs de poisson pourrissant, de pétrole, de friture ; plus d'Arabes ni de Berbères dans la rumeur réanimée dans l'obscurcissement du couchant prématuré sous orage.

Bouillabaisse pour la tablée : en face de moi le camarade dentu, que l'orage approchant fait trembler, sa dent externe force la lèvre jusqu'au sang. Intestins troublés par le changement de nourriture, de la militaire à la civile, je cherche les chiottes à l'étage de bois contre le rocher, en bas la guitare de Ph. joue, avant le plat, un motif d'istikhbar andalou, prélude rêveur au bout duquel, au lieu de rythmer une danse, il recommence le prélude : pas de sujet, rien que de l'arpège ; pour nous, attente de la libération, de la rentrée dans la vie, la vraie, hors domination.

Sur les lattes du passage, une fille, petite, encore en maillot deux-pièces étroit, serré en bas, lâche aux seins gros bien dressés, est appuyée à la rampe, linge blanc à l'épaule et au cou, secoue le sel qui brille au couchant rouge, entre les masses noires enserrant les îles du Frioul, sur ses formes pleines à peine brunies ; elle sort sa langue, en lèche l'évers de ses deux lèvres ; sa croupe tressaille contre les barreaux, d'un mouvement venant de la nuque à demi cachée par le linge. Ma langue, aussi, sort d'entre mes lèvres, sous la narine encore douloureuse où du sang suinte encore du lever au coucher. Un coup de vent chargé de pluie tiède ébranle la passerelle ; dans le frissonnement, sous la part de toison évasée entre les cuisses vers le nombril, le tissu plie sur l'organe, le moule en deux parts, sous l'averse qui le mouille.

J'entre dans le réduit, m'accroupis sur les planches au-dessus du trou : dessous, des rochers entre lesquels les remous mousseux, activés par le vent de l'orage en préparation, roulent bouteilles, conserves, déchets de copulation. Depuis ma découverte, enfant, de la défécation des autres, toute personne adulte respectable, illustre, vue, rencontrée, montrée, en vrai, ou presse, biographie, est aussitôt « prolongée » dans sa défécation, non pas réduite dans sa grandeur, mais renforcée dans sa noble misère d'humain parmi d'autres, peinant à excréter ; toute personne vue mangeant, dans sa défécation prochaine ; et dans les très rares restaurants luxueux où l'on a pu me conduire, plus les mets avalés sont de qualité, « recherchés », de belle apparence colorée, plus est immédiat le prolongement excrémentiel, punition de la faute d'y avoir dépensé le montant de tant de mois, d'années de travail de force pour d'autres ; je dois me retenir de mettre le Christ, la Vierge, certains saintes et saints mystiques à l'épreuve de leur défécation. Les figures historiques, antiques, anciennes, modernes, contemporaines, empereurs, rois, princes, grands capitaines, grands ministres, héros, héroïnes, politiques vus entendus, de loin, de près, tous passent « à la selle » et ils n'y perdent aucune parcelle de leur prestige. Le Christ déféquant dans les rochers de la Galilée, tel grand roi sur sa chaise percée, tel grand homme tirant la chasse sur ses excrétions, des images, des questionnements familiers. Les femmes, depuis Antigone ou même Ève ou Judith jusqu'à Jeanne d'Arc ou George Sand ou Marie Curie, je peine et détourne vite ma pensée ; la Vierge, ayant conçu sans l'acte de chair, serait-elle aussi dispensée de…, robe retroussée, déféquer à l'écart des copeaux de Joseph – mais à toute ingestion, défécation, la nourriture ne pouvant se garder toute dans l'intérieur du corps, sous risque d'éclatement.

De ce pli du tissu mouillé sur la palpitation de l'organe, de sa part gauche à sa part droite, tout mon entrecuisse s'exalte : mais une mouche dorée, qui zézaie autour de moi en pénombre depuis que j'y suis, se pose sur le gland circoncis de mon membre érigé rabattu sur le ventre : le chatouillement me fait fourire. J'entends un glissement de chair sur la portière : est-ce sa cuisse dans l'évasement de laquelle l'ourlet du bas remonte dans la toison ? S'abrite-t-elle sous l'auvent de la guérite suspendue où l'averse gicle, dans le bruit du tonnerre encore lointain ? Me garde-t-on bien mon béret roulé à côté de mon assiette ?

Ayant fini et voulant sortir, je pousse doucement la porte sur quoi pèse la chair : pressentant qu'il me faudrait avoir à faire avec, le cœur me battant dans les oreilles et vacillant, j'ôte mes lunettes, les enfouis dans la poche de poitrine de mon blouson, pour apparaître, ma face telle que l'a faite la Nature, sans ces lunettes – de lecteur enfant à la veilleuse du dortoir – qui font ma séparation du peuple vivant, je pousse, je sens un déplacement de parfum, ambre solaire, sueur, pluie, sel, je ne vois plus qu'à ras de mes narines, j'avance au-delà de ce qui serait la portière ouverte, avance vers le cœur du parfum, dans ce brouillard qu'est la nuit tombante, projette une main, elle touche la rampe droite qu'elle empoigne mais le halo de chair s'y déplace depuis la gauche, un petit rire de gorge au-dessus ; la portière toute tirée contre la rampe, j'avance l'autre main, tâtonne : moins je vois, plus durcit mon membre ; une main, petite, fraîche, large, franche, en saisit le poignet, l'attire vers le milieu de sa silhouette que mes yeux distinguent à peine : le petit rire sort d'entre des lèvres qu'à deux têtes de distance je ne vois pas, j'y flaire une odeur de pâté, de pain frais, de rouge à lèvres : la main appuie la mienne, déliant mes doigts, sur le renflement qui bat vite sous la très fine étoffe, mon petit doigt voulant se dégager touche une touffe, la pièce étirée – avant ma sortie du réduit ou maintenant ? – vers le bas met à nu la toison drue ; rapprochée de moi, sa bouche vers le haut vers la mienne, c'est comme si son souffle sortait maintenant de ses seins par ses tétons qu'elle appuie sur mon torse.

Deux de mes doigts sous trois d'elle se maintiennent sur le renflement moulé, durcissant ; le tonnerre passe le pont, des éclairs me font distinguer son front, bombé, des cils maquillés, des yeux verts au blanc intense, des iris où passent des reflets changeants selon que nos doigts s'enfoncent ou se retirent du renflement ; l'autre de ses mains descend plus bas que mon ceinturon, le débouclera-t-elle comme la fille mûre aux lèvres violettes du « Sphynx » d'Alger, contre le mur, la muraille, dans le va-et-vient des ascenseurs chargés de crevures galonnées ? Me déboutonnera-t-elle ? Ses doigts montent, remontent sur le gros pli qu'y fait le membre.

Mes doigts de l'autre main se posent sur sa croupe, son dos, entre ses épaules, sur sa nuque où ils s'ouvrent pour, faufilés dans les cheveux mouillés, gratter le crâne – le renflement s'en ramollit sous mes doigts surmontés des siens –, le câliner, l'envelopper, douceur d'une partie de soi recrue de soi à soi dans la promiscuité, caressés par cette chevelure inconnue, fraîche, drue, tendre, d'une tête sortie d'adolescence, aux espoirs qui s'y pressent, se précisent...

Reprendre mes lunettes pour, en plus de la vision de près, voir autour, derrière, devant, loin vers le haut obscur, vers le bas où flux et reflux se renforcent : œil à œil, presque bouche à bouche, je retire mes doigts des mèches, les faufile dans ma poche du haut, la monture s'est coincée dans un ourlet intérieur, je tire, ses doigts descendent, poignet frottant toujours la grosseur du membre, dessous, entre mes cuisses ; je fouille ma poche ; dans un souffle où je flaire l'odeur du poisson, qui m'effleure le lobe de l'oreille, sa voix enfin, cristalline, accentuée, secouée par le petit rire : « Tu en tires une ! » Voudrait-elle une cigarette dont elle penserait que j'essaie de tirer le paquet hors

234

de la poche ? Le haut de sa joue sous l'orbite tremble ; sur cette passerelle ébranlée, dans l'obscurité dont mon peu de vision peut comprendre qu'en plus de l'orage c'est celle de la nuit tombée, le sens de sa phrase me bondit au cœur, j'avance, je précipite ma bouche sur la sienne, dont les mâchoires s'ouvrent : ouvrir enfin ma bouche, mon cœur au fond, déployer mes lèvres, sans crainte du ridicule, pour un acte de pur présent, futur aboli.

Éclairs de plus en plus éclatants, roulements du tonnerre, bruits en bas, cris de tous courant se mettre à l'abri, chutes de chaises, d'assiettes.

Nos mâchoires, inégales, s'entrechoquent, nos langues se cherchent, chacune avec ses blessures, ses boutons, sa force râpeuse, se redressent l'une contre l'autre, se lovent dans nos joues, salive de femme, salive d'homme, pâté à pâté : sa langue grossit contre la mienne, ses doigts, faufilés entre les boutons, me fouillent la toison, épaisse alors comme sur ma poitrine et partout, le bas du poignet auquel pend un bracelet de faux nacre se prend dans les revers de cicatrice de mon gland dont elle a tiré le membre à pleins doigts, qui résiste...

Tonnerre au-dessus, ma main fouille encore la poche, éclair illuminant le port tout entier que je vois, comme si ma vue m'était rendue : la lueur de l'éclair, cosmique, se substituant à ma pauvre capacité visuelle d'humain déficient ; la salive nous sort en bave de notre bouche unique, ventouse animée d'une respiration autonome ; de la saveur de la sienne je remonte sa journée depuis son réveil, bouche entourée de croûtes d'un sommeil agité, de mastication de mets de rêves, d'amours de cinéma...

Fracas, fumée, odeur de feu, la foudre est tombée sur un balcon de bois attenant, sur un palmier que je vois dans le déchirement de lumière plier replier ses palmes noircies ; dans les bouches, avant le goût de cendre, la saveur de la foudre. Un poison dans notre salive ? Un goût d'atome, de fission d'atome. La saveur de la colère de Dieu, de ce que sera notre humanité, notre planète, notre astre quand d'une collision avec un autre ou de consomption il aura explosé ?

Du bas, l'odeur de feu se dissipant, un gros hoquet, des crachements aigus, un fracas, un son de guitare, nos bouches se disjoignent, ses seins à nu dont les tétons retenus dans les plis de mon blouson se libèrent, bougent à l'ébranlement de la passerelle sous l'averse qui ralentit : quitter sans y toucher ces beaux fruits, sans y mordre ? ajouter ce plaisir à l'espoir de la prochaine mais fragile délivrance ? un lieu pour aller plus loin ? y rester debout, profiter du tremblement des lattes, pour au sol étreindre, pénétrer, travailler la fille qui... bras levés, toison sous l'aisselle, se refrotte le crâne avec le linge blanc ?

Mais, son halètement, ses regards précipités vers la paroi rocheuse où finit vers le haut la grande gargote – un couloir ? un palier ? un débarras où elle nous tirerait un reste de divan, de matelas où se renverser elle, sous moi, s'écarter toute ?

Une frottée de plus dans ses cheveux et, les crachements en bas changés en cris où je reconnais la voix du camarade dentu, odeur de chié détectée par elle sur ma main, je me détache de la fille, sors enfin mes lunettes – un verre irréparé depuis l'interrogatoire – de la poche, les remets, reviens sur les lattes vers l'escalier, le descends jusqu'en bas : sur la terrasse, sous le velum qui claque, se déchire, le camarade, à quatre pattes et d'autres lui tapant le dos, sa dent raclant le béton, excrète une arête de la longueur de sa fourragère, il redresse vers moi une face rouge, pleurs, bave, vomissure déjà ensanglantée ; plus bas, au haut des rochers, une guitare sonne encore, démantelée.

Accroupi, je tire doucement l'arête en même temps qu'il s'efforce, crache, geint... (« tu en tires une ! ») ; dans la salle où un serveur l'a poussé, courbé, agenouillé, une cuvette sous le menton, l'arête sort toute ; du fond obscurci dans la panne, entre comptoir et meuble à vaisselle, apparaît la fille, sa main glissant son haut sur ses seins, le découvrant les recouvrant, son bas un peu roulé sur la toison, ses yeux brillant dans les derniers éclairs de l'orage ; un autre passage, une autre montée vers la passerelle : elle remplit un grand verre d'eau chaude sur le comptoir et, dans le petit froissement de son deux-pièces que j'entends entre les dernières détonations, s'avance, pieds nus – chevilles enrubannées –, s'accroupit devant le camarade allongé maintenant sur un divan ; sa dent externe sous mon poignet, je lui tiens le crâne d'une main, de l'autre lui remontre l'arête qu'un enfant en barboteuse, couru reprendre ses jouets, essaie de saisir ; à la petite respiration qu'elle fait entre ma paume et la bouche du dentu, et à son sourire bref puis large, je comprends qu'elle y a flairé sur ma paume ou mes doigts un reste de ma défécation et de mon torchage là-haut ; que, plus encore que nos bouches mêlées et sa petite patte sur mon membre, cette odeur nous engage l'un à l'autre : que pourrais-je lui

237

garder de plus secret et elle à moi d'y sourire et de flairer encore tête inclinée, quoi me cacher de plus ? L'étreinte étant le mélange des secrets, faire, maintenant, l'amour ? Moi gardant l'arête longue, mousseuse, aux doigts, sa respiration se change en voix, en mots, frais, d'entre ses lèvres retroussées vers ses fossettes : « Tu en as tiré une... ! » Le dentu boit ; le haut, déficelé dans le dos, glisse sur, sous les seins ; du sang rougit l'eau du verre dont les dents du dentu choquent le bord ; un coup de serpillière trempée traîne sur la croupe de la fille qui, me passant le verre, se redresse, une main pelue lui réagrafant son haut entre les épaules : une odeur de vie se dégage de son bas secoué par la colère, les poils bruns frisés de la toison s'animent, se rebroussent ; la serpillière glisse sur la croupe ; au travers de mes verres, de celui fêlé qui double ma vue, je distingue un gros corps mâle ventru, un torse serré dans un tricot de peau usagé, une balafre que l'électricité de l'orage a rerougie sous le nombril à nu ; il faut se redresser ; l'homme, serviette à l'épaule, serpillière jetée en seau, du doigt relève une moustache irrégulière, ses doigts de l'autre main serrent la nuque de la fille qui, ses yeux aux miens, lui cambre ses reins, l'étoffe de son bas se plisse : vaudrais-je autant ?

Quelques minutes de vie dans l'autre... Tout enfant, l'après-guerre, grosse tête et jambes maigres aux rotules apparentes en os rond, avant d'apprendre les chiffres, les très longs, au sortir de la primaire en même temps – par ma famille et dans l'écho des nombres de l'Ancien Testament que nous apprend, par sa voix, notre mère – que ceux des tués, des massacrés, des anéantis, je rêve

238

debout de pouvoir connaître tous les humains, un par un ou famille après famille, entrer dans leur vie le temps au moins d'une après-midi de petit enfant ; le nombre, d'abord par l'image des animaux au sol, dans l'air, puis par le récit des « personnes déplacées », Europe, Asie, pour lesquelles nous prions chaque soir – millions d'êtres survivants, familles, enfants se recherchant sur la surface de la Terre, multitudes imaginées à perte de vue d'enfant –, consolidé par l'étude de l'arithmétique – les chiffres que je peux commencer à lire au dos des cahiers de primaire –, change ce rêve flou en conte magique au bout duquel, dans l'impossibilité où je suis encore de me penser vivant plus que le temps de mon corps d'enfant, je dois renoncer à visiter tous les foyers du monde, à rencontrer sur les chemins enfants et vieillards me conduisant dans leurs maisons, fillettes égarées ramenées à leurs mères, adultes orphelins retrouvant père et mère, saints hommes me menant dans leurs ermitages, saintes femmes dans leur dispensaire, errants à leurs réduits, oiseleurs à leurs oiseaux, pêcheurs à leurs barques, victimes à leurs bourreaux...

Dernière nuit dans les hamacs aux chaînes rouillées que nos cauchemars ou nos étreintes rêvées font cliqueter.

Départ dans la pénombre bleue de l'aurore ; en gare de La Joliette, nous montons dans les wagons passagers des trains où nous avons chargé notre matériel lourd ; trois jours et trois nuits de brinquebalement – sans autre information que le but : Sissonne en Champagne – le long de la vallée du Rhône où, dans les gares, se pressent encore des milliers de rapatriés mal aimés que des services sociaux municipaux, départementaux prennent en charge. Par nos vitres sales, rayées, entre sommeils, casse-croûte, rations, bières, jeux de cartes, plaisanteries longues de plus en plus rêveuses à mesure que se rapproche, pour l'un ou pour l'autre, la région de sa fiancée ou dite telle, nous regardons les paysages d'automne, arides et blancs jusqu'Orange, de plus en plus verts et fauves vers Lyon puis Dijon. Au moins si je suis retenu après mon temps le serais-je plus près d'une protection ?

En gare d'A... où nous restons à l'arrêt, une nuit, pour laisser passer les trains de rapatriés, je descends, avec le dentu, gorge cautérisée mais douloureuse, acheter de la boisson pour notre groupe somnolent : dans la presse, les bras chargés de « couilles » et de bières, je vois une jeune femme en chemisier blanc sous haut de tailleur, bord du chapeau faisant ombre à ses paupières et au haut de ses joues, ses lèvres sont ouvertes pour un appel et son front haut se fronce : serait-ce celle dont j'ai flairé l'organe sous la bâche sur le paquebot mais dont je n'ai qu'entrevu le visage en début de débarquement à La Joliette ? Elle porte maintenant sa main au-dessus de ses yeux sous les néons crus du hall, chercherait-elle son époux dont j'ai connu l'index en mer ? un enfant ?

Sortant un miroir de son sac au poignet, elle se regarde, appelle, se regarde, sort un petit poudrier un tampon, appelle, se poudre joues, narines, front ; dans la rumeur mouvante, je distingue un peu de sa voix, claire, accentuée – oui, elle vient de là-bas –, impérieuse puis plaintive... puis, dans le mouvement des odeurs, escarbilles, fer chaud, un parfum, déjà ancien pour moi, d'une autre vie en deçà, celui de la poudre que l'on continue de porter à ma mère alitée pour que, de sa main de plus en plus faible, elle se le tamponne sur sa face de plus en plus transparente avant toute entrée de visiteur... mes bras en tremblent et le verre y tinte ; à son poignet, un petit pansement un peu rougi, le long de la veine ; blessure sur le trajet de rapatriement ; le mouvement accélérant du poudroiement et de l'ouverture des lèvres pour appeler ; la petite blessure, serait-ce une survivante du massacre d'Oran du 5 Juillet et s'y serait-elle blessée à se défendre, quand, sortie du bureau, parmi les enlevés en fourgons et livrés aux émeutiers, elle aurait levé son bras devant une hache brandie ? Mais, faute de bateau à Oran, a-t-elle pu s'enfuir, gagner Alger par la route ou par l'« Inox », y prendre une place, seule ou ses enfants, son époux l'ayant retrouvée, mais raison perdue ? Comment, à l'arrêt en gare, aurait-elle pu descendre du wagon, échappant, dans la presse, aux infirmiers ou infirmières ? Avançant vers les quais, je heurte un homme fort, en cravate, valise claire à ferrures dorées ficelée sur l'épaule, il va à la jeune femme, dépose la valise, met le pied dessus, enlace la jeune femme à la taille, lui prend le poudrier le replace dans le petit sac, au poignet, prend l'autre, le baise sur le pansement, un grand tremblement des épaules et elle enfouit sa face en larmes, mais sa main libre rouvre le clic du sac, reprend le poudrier, la bouche contre la poitrine s'ouvre en appel...

L'averse frappe les toits des wagons d'avant-guerre quand nous avançons en Champagne dans la nuit tombante : le convoi ralentit dans une vallée étroite où un chemin haut borde un champ épais de maïs pourrissants ;

sur ce chemin courent plusieurs jeunes filles main au chapeau ; le haut de la vitre leur arrive au-dessus du chapeau ;
je regarde leurs visages, leurs épaules, leurs seins saisis
secoués ruisselants, les autres, du dessous, leurs jambes,
les cuisses sur lesquelles elles tiennent retroussées leurs
robes à fleurs : rentrent-elles d'une fête, civile ou religieuse ? Quel jour sommes-nous ? dimanche ? ou quel
jour de fête ? Toussaint ? retour du cimetière ? samedi ?
retour du bal ? L'herbe noircie nous cache leurs chaussures ; la vitre étant maintenue fermée, nous n'entendons,
entre le fracas du convoi sur une voie rarement prise et
celui de l'averse, que des petits éclats assourdis de ce que
leurs bouches ouvertes nous crient ; mais j'entends leur
respiration presque étranglée – rire et course – frappant
leur poitrine de l'intérieur, le secouement de leurs seins
moulés dans l'étoffe trempée ; ils occupent maintenant
toute la vitre, un se déboutonne, y appuie son membre,
elles virent vers la droite entre deux parcelles.

Plus la nuit s'épaissit plus le convoi ralentit ; dans
une gare encore éclairée, sur une voie de dégagement,
près de ce qui apparaît dans l'obscurité un haut et long
fumier dont les remugles nous parviennent par les souf-
flets, il hoquette et s'arrête ; c'est ici qu'il faut rouler nos
sacs marins sur les lattes dont beaucoup pourrissent ; de
quelle cuisine sortent ces marmites de soupe que nous
sommes descendus prendre, sous la pluie diminuée, sur
un quai, fumantes, par qui apportées, camarades de quel
régiment ?
Pas de louche, y plonger nos quarts cabossés encore
revêtus de toile kaki ?

Où déféquer ? Pas de chiotte dans les wagons de la troupe ; en plein jour, dans la vallée du Rhône, ceux des gares, bondés d'enfants que la fuite excite, il fallait y attendre si longtemps que la plupart d'entre nous se trouvaient des cachettes dans les machines, les wagons périmés, des trous dans le ballast ; ici, le grand fumier sous la pluie, derrière un barbelé, au-delà d'une tranchée franchissable, des porcs qui remuent, grognent, crient dans les soues, des vaches qui pètent dans les étables, des lumières de fermes, de village qui s'éteignent, nous y déféquons, membre érigé, sous l'envol des chouettes ; sitôt lampée la soupe est chiée.

Nos mots, pauvres, répétés, nos onomatopées, nos restes d'arabe militaire, nos forcements s'entrecroisent aux sons des bêtes, aux beuglements des bœufs, aux chevrotements des chèvres ; désaccroupis, nous remontons dans les wagons qui resteront immobilisés dans la gare jusqu'à l'aube ; les gradés distribuent les gardes pour la nuit : sous le ciel dégagé, mains froides sur la bride du fusil, patrouiller le long des wagons de matériel lourd.

… enfant, étendu dans l'herbe des prés, des talus, sur la surface des étangs ou de l'Océan, je regarde les cieux, siège du passé, de l'avenir, de l'antique, de l'anticipation, jusqu'à adolescent, où la poésie les remplace avec ses constellations ; depuis mes premières gardes de nuit en mirador, chantiers, postes, camps de regroupement, privé de poésie, d'art, je les regarde à nouveau pour bientôt ne presque plus les voir depuis les rues de la ville et au travers des fumées.

Les wagons sentent la graisse, l'huile, la rouille, le métal : dans quels wagons logent sous-officiers, officiers ? Nous n'avons avec nous que nos caporaux.

Des restes de grognements, de geignements, de meuglées vers le fumier où des camarades s'attardent, essaient de déclencher des duos des trios avec les bêtes.

De l'autre côté de la voie, vers la campagne ouverte où je distingue une surface d'eau dans le halo de lune, un son de barrière de bois et de métal qu'on ouvre : un parfum avance vers les voies – une femme, des femmes dans l'obscurité ? ou des assaillants pulvérisant du parfum pour tromper la garde ? À quel groupe terroriste profiteraient ces pièces lourdes ? S'en prendre à des soldats dont ces fanatiques font croire qu'ils ont, sur ordre du chef de l'État, favorisé la prise de pouvoir des rebelles ?

Une chevelure blonde apparaît entre deux buissons, un haut de poitrine blanc ; je manœuvre ma gâchette.

La chevelure recule ; une autre apparaît à gauche des buissons, un talon toque le rail, trois femmes en noir, rouge, seins en avant, traversent la voie ; la gorge me bat sous la chaînette d'immatriculation : je tiens mon arme abaissée ; l'une des trois tord tourne sa taille, dos de sa main baguée sur sa hanche moulée, est-ce du rêve ? une scène de cinéma sans écran ? De l'autre côté du train, les grognements diminuent, le rire me monte du bas-ventre, je connais, par les lettres que je rédige pour quelques-uns, la pauvreté des soldats – égale à la mienne (solde, troc) : même à dix, ils ne pourraient collecter le montant d'une passe pour un ; juste vêtues léger sous imperméables doublés, viennent-elles à pied d'une ville qui serait proche ? Une voiture les a-t-elle déversées sur un chemin, le marlou, mocassins blancs aux pédales, y fumant dans l'ombre… ?

Moi, arme chargée, tenant « en respect » des femmes désarmées ? Mais pour elles, pire qu'une arme, leur état de prostituées, la puissance de leur organe professionnel.

La reprise des grognements des bêtes à ceux des camarades ébranle à nouveau les femmes, leurs hanches, leurs seins que, des nuages passant noirs sur la lune, elles me dénudent entiers : si les camarades parlent aux bêtes, c'est qu'ils seraient en fort état de bander aux femmes – mais sans moyen de paiement comment y pénétrer, y toucher même ?

Seule – mais le marlou, derrière, veut de l'argent –, l'une d'elles au moins se contenterait-elle des pratiques avancées du plus beau – et du plus sot – d'entre nous, de sa montre de platine volée, du couteau à manche d'ivoire que lui moule sur sa cuisse le treillis retaillé plus court et dont la rumeur dit qu'il a coupé, avec, des oreilles de rebelles pris et tués dans les grottes ?

Une autre à passer la barrière, de grands cheveux presque blancs ? c'est une effraie qui se pose sur le pieu ; des trois, celle qui paraît la plus jeune, narines retroussées, abaisse le haut de son corps, ses seins basculent entre la fourrure de l'imperméable ouvert, ses doigts s'écartent sur ses deux hanches recambrées, sa gorge bat sous son menton relevé ; je ravale ma salive – seule, isolée de ses deux mégères… –, je remonte le canon de mon fusil ; le bruit de leurs bottines contre le rail a attiré notre ancien, tailleur de tombes passé marlou, il descend du wagon le plus proche de ceux du matériel qui, en marche, font un bruit plus lourd, plus sourd que les nôtres ; rajustant ceinturon, treillis, caressant du dessous son menton parfumé, il descend du ballast, s'approche de la fille :

245

lui proposera-t-il de faire venir le beau la contenter ? Le plus beau s'y soulageant, pour tous les autres les regardant, en échange de sa montre de platine volée dans un hôtel du square Bresson d'Alger à un trafiquant international en pourboire d'une passe ? Mais qui lui rembourserait le montant de la montre ? Ne garderait-il pas entre sa peau et le treillis retaillé au plus près, dans une poche, contre sa toison brillante, un reste du montant de sa passe en dollars ? Mais, du platine, s'il est vrai, une compagnie entière n'en tirerait-elle pas de quoi aller aux filles une permission de trente-six heures entière ?

Une chansonnette sifflée et le voici, le beau, casquette retournée, lobes brillants, lèvres pleines, à sauter du wagon, main fraîche, beau jusqu'au bout des ongles, sur son lourd paquet ; pas de danse au ballast comme au bal parquet, main sûre, se déboutonnant déjà entre les cuisses ; l'effraie s'envole, loin sur un chemin, des mocassins blancs sautent sur la boue ; le beau met l'autre main à sa poche, rixe au couteau ? notre ancien le tire par le ceinturon vers le wagon, les filles, cheveux blanchis par le rayon, remontent sur le quai vers la nuit noire ; le beau, debout, reins secoués, tête renversée en arrière sur le néant, montre miroitant aux fines attaches du poignet, râle dans sa buée... du fond du convoi, sifflements : des gradés rappellent les filles, elles relongent le rail, le marlou ressorti de la nuit les suivant sur le chemin du quai : du bon argent, le prix qu'il faut, des banquettes rembourrées, des toilettes – même détériorées (mais, sur ordre, nettoyées par quelques-uns d'entre nous) –, des bières et, pour certains – sous-officiers, survivants d'Indochine, corps couturés, Armée mère, raison divaguant parfois là-bas dans la Plaine des Joncs –, plus de compétence dans l'usage des prostituées dont on dit que celles de là-bas, affiliées au Vietcong, se garnissaient les petites lèvres de lames de rasoir pour mutiler leurs pratiques.

Dans l'après-midi du lendemain, sous averse, le convoi s'immobilise en gare de S... ; des camions nous emmènent au camp ; installation dans les chambrées, lits superposés ; odeur de cuir, de grosse toile, de graisse, de crésyl, rumeur de libération dans sept jours ; dès demain matin, déchargement du matériel lourd, rechargement dans les camions, déchargement devant les hangars, transport et rangement des pièces dans les magasins, trois jours de muscles, d'acier, de graisse, de rouille, de fracas, de boue.

L'un d'entre nous, apprenti pâtissier dans l'Ain, frimousse rousse, depuis le camion, lit, à un carrefour, sur un poteau, un nom de village, c'est celui d'un cantonnement de son père, journalier piémontais tout jeune engagé volontaire en 1918, blessé replié et gagnant à sa blessure sa naturalisation ; l'averse brouille les formes, du bas, du haut, de devant, d'arrière, le temps, les heures, l'année, la décennie, les générations : le père de notre petit rouquin – sera-t-il assez haut de taille, notre camarade, pour enfourner ses gâteaux dans le four ? – ballotte à nos côtés sur la ridelle, dans son odeur de jeune poilu...

Veille du dernier jour : on trie trois d'entre nous pour faire une vaisselle de couverts et de marmites, celle de trois compagnies levées en hâte et laissant leurs besognes suspendues ; dans l'arrière-cuisine de la taille d'un demi-hangar, gros linge à l'épaule, grattoirs, brosses au poing, nous trempons la vaisselle dans de vastes bacs d'eau chaude graisseuse : centaines d'assiettes, de verres, de couverts, dizaines de grandes marmites au flanc intérieur desquelles restent des dépôts de viande que nous mangeons, comme réserve pour un temps de faim, avant de les plonger ; peu à peu, marmites, assiettes naviguent dans les bacs, la joie de la délivrance à portée de nuit – mais, pour moi, ma délivrance reste incertaine, et des informations favorables de nos camarades des bureaux n'y changent rien – nous fait oublier le but de la corvée, et casse et jeu commencent, assiettes jetées contre les murs, verres écrasés, marmites dirigées à coups de louche les unes contre les autres ; le supplément de force acquis dans les déchargements, l'exaspération des gradés contre un gouvernement qui a fait du contingent une force de résistance de bon sens à une hiérarchie au loyalisme incertain – et sous accusation de déshonneur : abandon de beaucoup de harkis, réaction tardive aux massacres – interdisent toute punition dont la pire serait de retarder, fût-ce d'une journée, une libération tellement désirée – de l'autre côté attendent fiancées, filles tout ouvertes, lèvres, cœur et organe ; places, embauches, outils, bêtes, machines, draps, fêtes, tout y brille.

Le lendemain d'une nuit où, parties d'échecs avec M., puis P., puis Ph., le chiot de l'un de nous jouant avec les cafards sous les lits picot, je réprime mon angoisse, après un déjeuner où nous échangeons nos adresses – celles, pour la plupart, de nos parents –, sous une avancée de tente devant le bureau de nos compagnies regroupées, assis à des tables, des sous-officiers, assistés de camarades du contingent, nous appellent, chacun par son nom précédé du grade ou du seul « soldat », nous distribuent la médaille commémorative des opérations de maintien de l'ordre en Algérie, la dernière solde – de quoi alors à peine assurer cinq repas en snack-bar ; mon tour vient vers le milieu ; des camarades – de ceux, nouveaux, du rapatriement –, déjà pourvus, m'épaulent, solde, paquets de Troupe, médaille et livret militaire dans mon poing mais toujours, en menace dans mon dos, cette masse d'uniformes galonnés : il me faudrait que toute l'Armée soit abolie et, avec elle, inculpation, interrogatoire et cachot souterrain.

Retournés dans les chambrées, nous nous défaisons de notre uniforme, enfilons nos vêtements civils – pour la vie ? Effets militaires remis aux fourriers, sacs au dos, nous passons le portail, les guérites ; enfin sans rang, nous courons les trois ou quatre kilomètres de goudron crevassé vers la gare, entre les champs de betteraves trempés.

Ai-je au cou la chaînette de ma plaque d'immatriculation ou l'ai-je rendue, avec son numéro gravé de chiffres ? Des milliers d'entre nous la portaient au cou de leur dépouille – quelquefois mutilée des organes par lesquels ils auraient pu transmettre la vie, un peu de leur cœur, de leur esprit, de leur souffle au monde et du souffle du monde en eux –, allongée dans les gorges, sur les plateaux, sur les pavés, sur les trottoirs de l'Algérie. Mais avec eux, auprès d'eux maintenant, et à cette heure encore, tous les égorgés, tous les mutilés du nez, des lèvres, des oreilles, tous les énucléés, tous les démembrés, tous les désentraillés, tous les traqués abattus, tous les battus à mort, tous les déchiquetés, tous les enflammés, bébés jetés contre les murs, mères enceintes éventrées, toutes les violées, tous les torturés, tous les ébouillantés vifs, tous les hachés, tous les sciés vifs, tous les écorchés, tous les rendus fous, tous les humiliés à vie, tous les disparus jamais retrouvés : victimes à retardement du crime originel de la conquête.

Vers Paris, vers la faim, vers mon père ; humilié – plus de moi que de mes juges – mais décidé à en découdre ; tout à y reconquérir. Mais avec quelle force de chair renouvelée.

Les premières esquisses de ce livre ont été lues par Donatien Grau à notre ami Azzedine Alaïa, au travail dans son atelier.

DU MÊME AUTEUR *(suite)*

Aux Éditions Lapis Press (Los Angeles)
En collaboration avec Sam Francis : WANTED FEMALE, 1995.

Aux Éditions Léo Scheer
EXPLICATIONS, 2000, réédition en 2010.
MUSIQUES, 2003 (coédition France-Culture).
LEÇONS SUR LA LANGUE FRANÇAISE, 2011.

Aux Éditions Lignes-Manifestes
CARNETS DE BORD I (1962-1969), 2005.

En préparation
JOYEUX ANIMAUX DE LA MISÈRE III.
LABYRINTHE-GÉHENNE.
PROGÉNITURES 3.
HISTOIRES DE SAMORA MÂCHEL.
BIVOUAC, théâtre.

Cet ouvrage a été imprimé en France
par CPI BRODARD & TAUPIN
à La Flèche (Sarthe)
en novembre 2018

Mises en page
PCA 44400 Rezé

Grasset s'engage pour
l'environnement en réduisant
l'empreinte carbone de ses livres.
Celle de cet exemplaire est de :
550 g Éq. CO$_2$
Rendez-vous sur
www.grasset-durable.fr

PAPIER À BASE DE
FIBRES CERTIFIÉES

N° d'édition : 20731 – N° d'impression : 3031650
Première édition, dépôt légal : août 2018
Nouveau tirage, dépôt légal : novembre 2018
Imprimé en France